GUIDE NON OFFICIEL

MINECRAFT

LE GUIDE DU BUILDER

TOUR DU MONDE

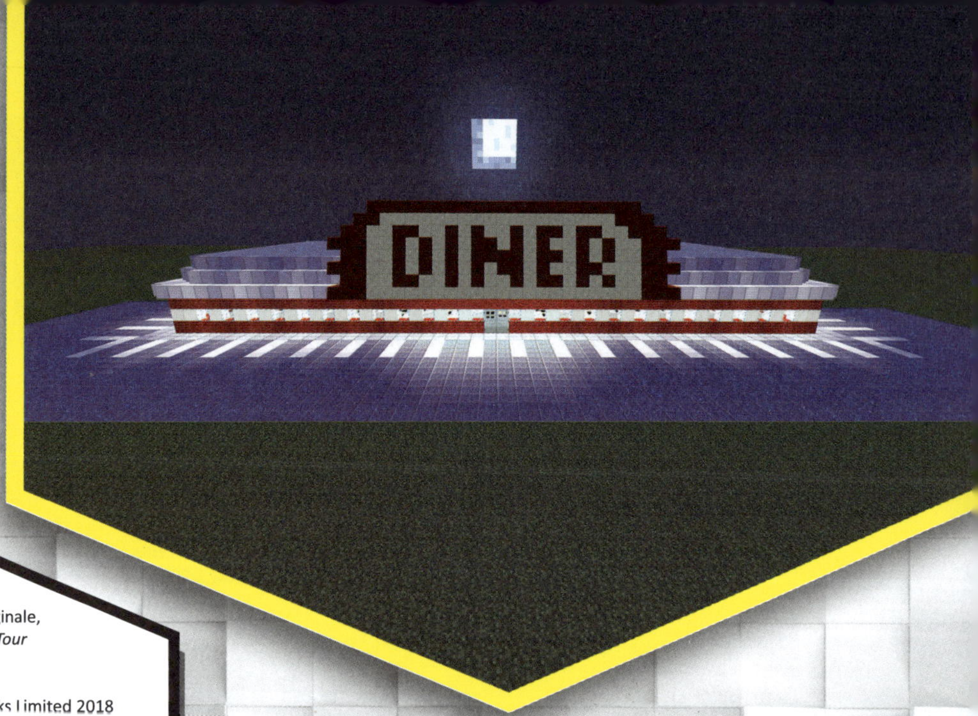

Conçu et produit par :
Dynamo Limited

Imaginé et écrit par :
Joey Davey, Will Jewitt, Darcy Miles et Juliet Stanley

12, avenue d'Italie, 75013 Paris
www.404-editions.fr

Traduction de Laurence Le Charpentier
Mise en page : Ivana Vukojicic

ISBN : 979-1-0324-0169-9
Dépôt légal : février 2018
Imprimé en Chine

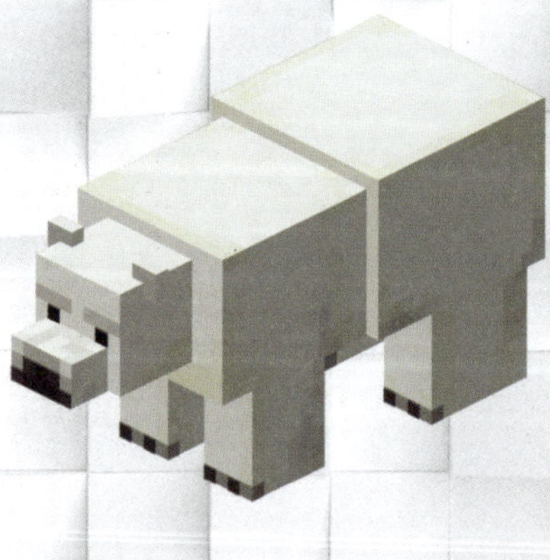

GUIDE NON OFFICIEL

MINECRAFT

LE GUIDE DU BUILDER

TOUR DU MONDE

JOEY DAVEY
WILL JEWITT
DARCY MILES
JULIET STANLEY

404 ÉDITIONS

SOMMAIRE

INCROYABLE AUSTRALASIE

REMARQUABLES AMÉRIQUES

EXPLORE LE MONDE ENTIER AVEC MINECRAFT !

Que tu aies ou non voyagé dans le monde, il est temps de le voir sous un nouveau jour… grâce à Minecraft ! Si tu ne connais pas déjà ce jeu, télécharge-le, lance-toi en mode survie, essaie de passer au mode créatif puis reviens te plonger dans ce livre pour commencer ton voyage.

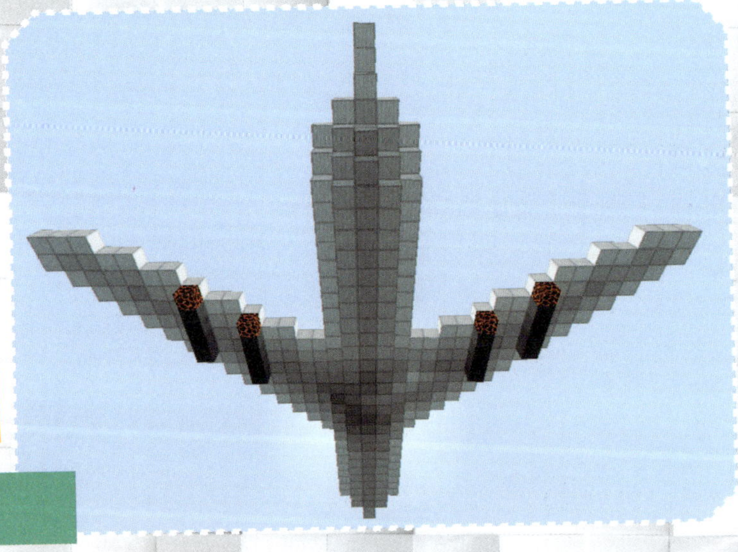

ATTACHEZ VOS CEINTURES !

DÉCOLLAGE IMMÉDIAT !

« LA CLÉ DE LA RÉUSSITE »

Minecraft t'offre des possibilités infinies pour réaliser des constructions inventives et originales. Que tu sois un grand builder ou débutant, les défis dans ce livre te permettront de développer tes compétences. Tu feras une visite éclair de certains des plus étonnants édifices du monde, des remarquables Amériques à l'Asie fabuleuse, l'Europe prestigieuse et l'incroyable Australasie, en passant par l'Afrique stupéfiante. Construis ton propre monde en suivant les étapes… rien de plus facile !

CONSEIL D'EXPERT !

ESPACE CRÉA

Bâtir en mode créatif est le bon choix – tu as tous les blocs nécessaires dans ton inventaire. Et tu auras le temps de finir ce que tu construis sans risquer d'être attaqué. Avant de passer en mode survie, n'oublie pas de te préparer : éclaire pour éviter l'apparition de créatures hostiles, positionne des balises pour une puissance maximale au combat ou creuse des douves !

« ALLER-RETOUR »

Exerce-toi à faire des formes courbes et des cercles avec tes blocs, et en construisant à plus grande échelle que d'habitude. L'effet produit en vaudra la peine. Avec la pratique, tu sauras bâtir des tours circulaires et des dômes, des constructions de classe internationale !

Avec l'autorisation de 8391ice

CONSEIL D'EXPERT !

DE L'ÉPAISSEUR

Épaissis les murs de tes constructions pour créer des formes symétriques à motifs et des ombres découpées caractéristiques de l'univers de Minecraft. Dans des murs plus épais, les fenêtres et entrées de porte ont plus de profondeur et de volume.

Avec l'autorisation de 'Spejs'

« LA SÉCURITÉ AVANT TOUT »

Minecraft est l'un des jeux en ligne les plus populaires au monde. Si le but est avant tout de se faire plaisir, ta sécurité est tout aussi importante. La prudence en ligne, c'est de :

- garder tes coordonnées pour toi
- jouer en écran partagé avec tes vrais copains
- demander l'autorisation à un adulte de confiance avant de télécharger
- définir une limite de temps de jeu
- expliquer à un adulte de confiance ce que tu fais

TA CARTE DU MONDE SELON MINECRAFT

Découvre un monde d'inspirations pour tes constructions minecraftiennes. Lors de ce voyage planétaire, tu pourras choisir les meilleurs biomes où construire tes chefs-d'œuvre, en voyant les édifices sensationnels sur ces cinq continents : les Amériques, l'Asie, l'Europe, l'Australasie et l'Afrique. Les sacs à dos sont prêts, on y va !

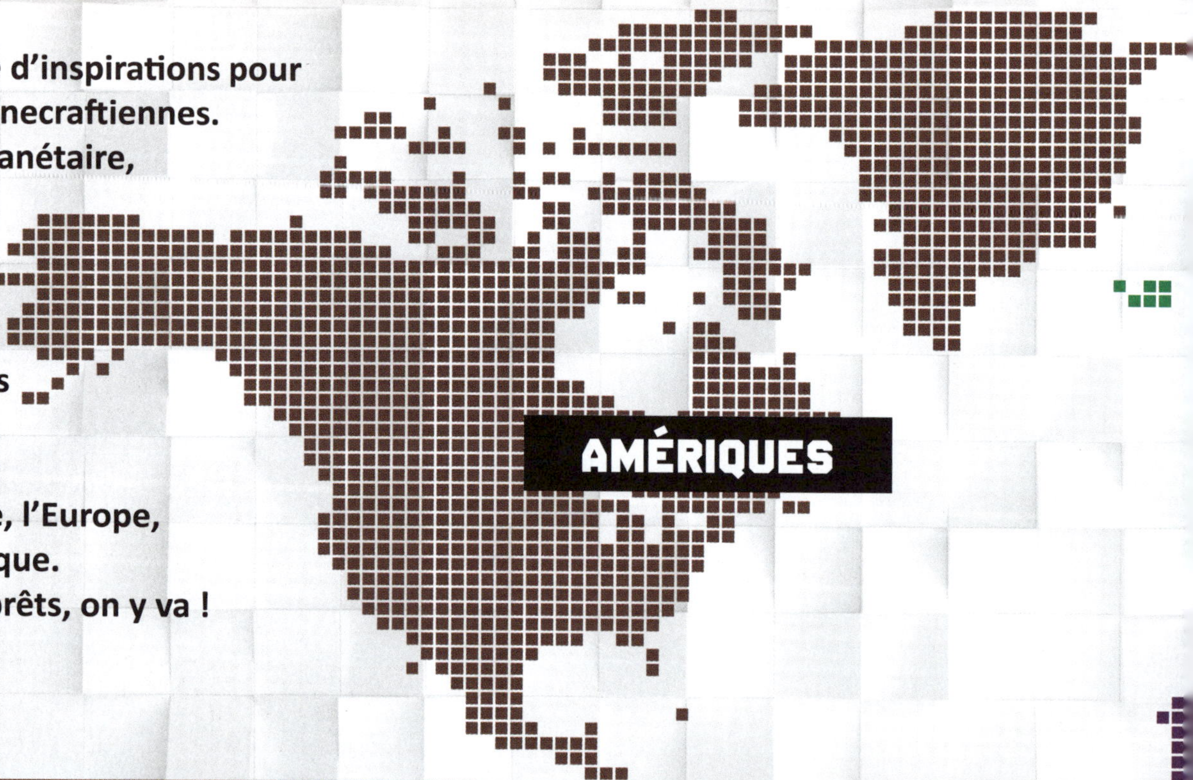

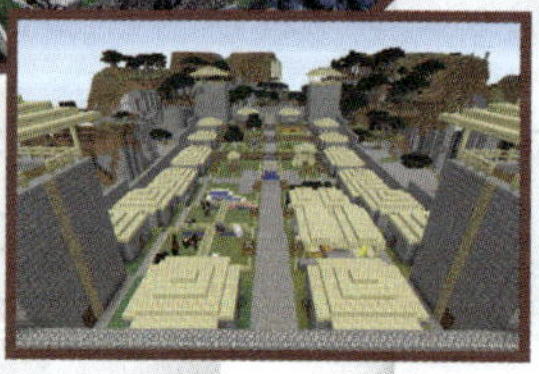

EUROPE
ASIE
AFRIQUE
AUSTRALASIE

INSPIRATION HISTORIQUE

Les constructions africaines doivent se démarquer dans leurs paysages naturels étonnants. Le sphinx en Égypte est le parfait exemple d'une architecture qui s'impose dans son environnement.

« SAUVAGE ET MERVEILLEUSE »

En Afrique, que de déserts, jungles, savanes et paysages d'eau, alors pour une construction de style africain dans Minecraft, presque tous les biomes sont adaptés ! Trouve un site assez spacieux pour une grande construction dans un cadre spectaculaire.

CONSEIL D'EXPERT !

RETIENS L'H_2O

Si tu construis sur un paysage d'eau, une échelle fera une poche d'air pour que tu puisses faire ton travail !

Avec l'autorisation de 'FilaStyle84'

« LES SABLES DU TEMPS »

Les paysages désertiques changent, mais pas ces incroyables monuments africains créés il y a des millénaires, et qui ont vraiment résisté à l'épreuve du temps.

CONSEIL D'EXPERT !

COMPTABILITÉ

Fais très attention au nombre de tes blocs de fondation… et recompte-les ! C'est embêtant de découvrir en plein milieu d'une construction que tu t'es trompé et que ce n'est pas symétrique.

« SUPER ANANAS ! »

Avec la peau ornée de picots et de losanges, l'ananas est original. Chez un producteur en Afrique du Sud, on a créé une maison ressemblant à ce fruit un peu hérissé pour inciter les gens à en acheter – la preuve que pour une construction, on peut prendre presque tout comme inspiration !

« SUPER À REFAIRE ! »

Il existe une statue géante rouge vif à Cape Town, en Afrique du Sud, appelée « Elliot the Crate Fan », faite de vieux casiers à bouteilles de soda et promouvant la paix… et le recyclage, et qu'on croirait avoir été créée dans Minecraft.

AFRIQUE STUPÉFIANTE

MONUMENT

DIFFICULTÉ : FACILE

TEMPS : 1 HEURE

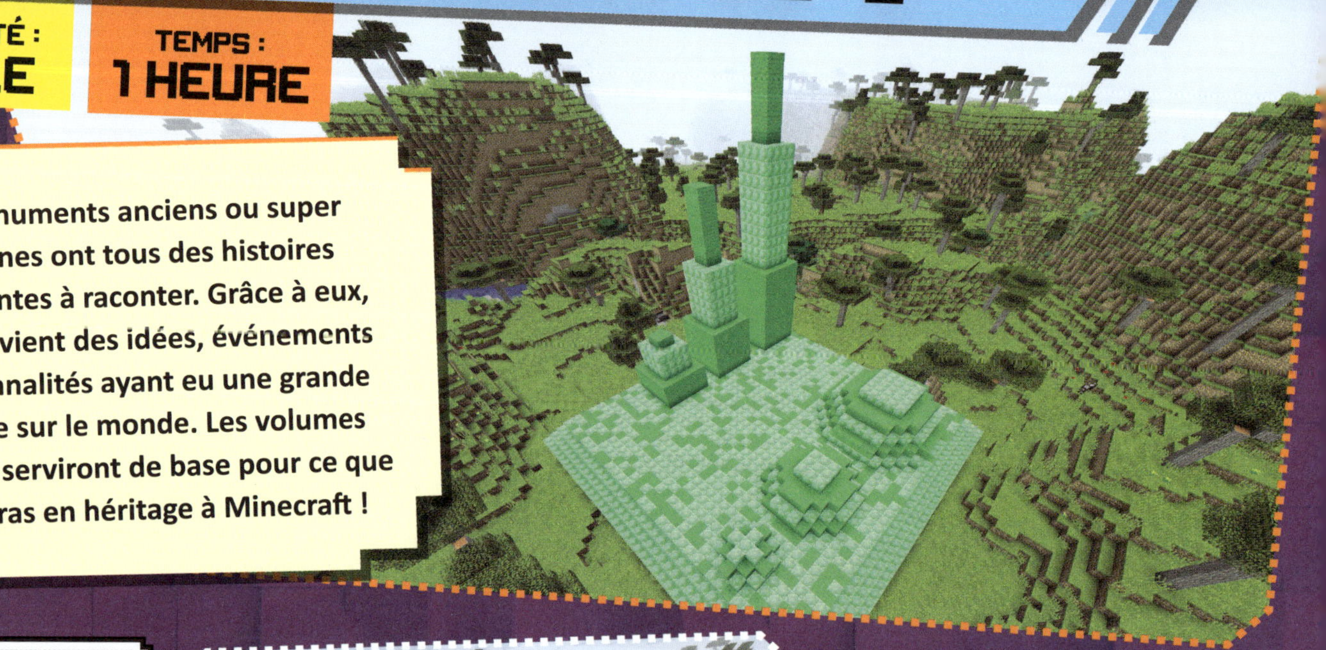

Les monuments anciens ou super modernes ont tous des histoires intéressantes à raconter. Grâce à eux, on se souvient des idées, événements et personnalités ayant eu une grande influence sur le monde. Les volumes de celui-ci serviront de base pour ce que tu laisseras en héritage à Minecraft !

ÉTAPE 1

Aplanis d'abord le sol pour faire la base de 40x40 de ton monument.

ÉTAPE 2

Crée autour 4 niveaux d'escalier en émeraude et une estrade plane pour ton monument, en remplissant la couche supérieure de blocs d'émeraude et de laine vert clair.

ÉTAPE 3

Dans un angle, fais 1 colonne en laine vert clair de 6x6x10, 1 de 4x4x10 en émeraude au-dessus et 1 de 2x2x5 de la même laine.

ÉTAPE 4

Construis ta 2e colonne près de la 1re. Commence par 1 colonne de 6x6x6 blocs de laine vert clair, puis 1 colonne d'émeraude de 4x4x6 et 1 colonne de laine vert clair de 2x2x6.

ÉTAPE 5

Un peu plus loin, construis ta 3e colonne en 3 petites sections superposées : 6x6x3, 4x4x3 et 2x2x3.

ÉTAPE 6

Pour ta 1re demi-sphère, empile 5x5x5 blocs avec des escaliers de chaque côté, et crée à chaque angle des rangs en diagonale de blocs d'émeraude et de laine vert clair.

ÉTAPE 7

Construis maintenant à côté 2 structures en demi-sphère.

CONSEIL D'EXPERT !

UNE VUE LUMINEUSE

Mets des lampes de pierre lumineuse autour de la base de chaque colonne et demi-sphère, et ajoute en haut des balises pour de surprenants faisceaux lumineux et une puissance maxi en mode survie !

UN TOMBEAU

DIFFICULTÉ :
INTERMÉDIAIRE

TEMPS :
2 HEURES

Certains des plus célèbres édifices du monde commémorent des gens ayant accompli des choses surprenantes dans leur vie. Plusieurs de ces magnifiques monuments et tombeaux sont situés en Afrique et ont servi d'inspiration pour cette construction. Inspire-toi de la sépulture d'un personnage historique en suivant ces étapes faciles à réaliser en mode créatif...

ÉTAPE 1

Crée un sol à motifs de 25x25 blocs, avec un carré de 10x10 au centre. Mets de l'or en bordure, du lapis-lazuli et de la pierre lumineuse pour le motif en damier autour.

ÉTAPE 2

En suivant les contours du sol, bâtis les murs intérieurs de 8 blocs d'or de hauteur et épaissis-les vers l'extérieur de 4 blocs de quartz de largeur.

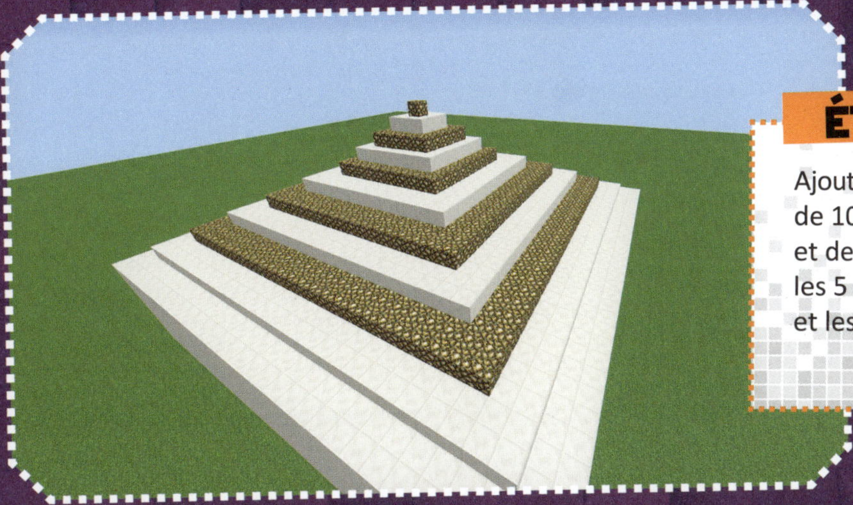

ÉTAPE 3

Ajoute un toit pyramidal d'une hauteur de 10 couches en alternant du quartz et de la pierre lumineuse. En largeur, les 5 premiers font 2 blocs et les 5 au-dessus 1 bloc.

ÉTAPE 4

Construis des créneaux au bord de tes murailles avec des blocs de quartz. Des motifs répétitifs et symétriques sont caractéristiques de la plus surprenante architecture dans notre monde et Minecraft.

ÉTAPE 5

Ajoute des fenêtres en poussant des blocs dans tes murs et en ajoutant des vitres. En créant dans leur épaisseur des volumes et des renfoncements sombres, ta construction ne sera pas trop cubique !

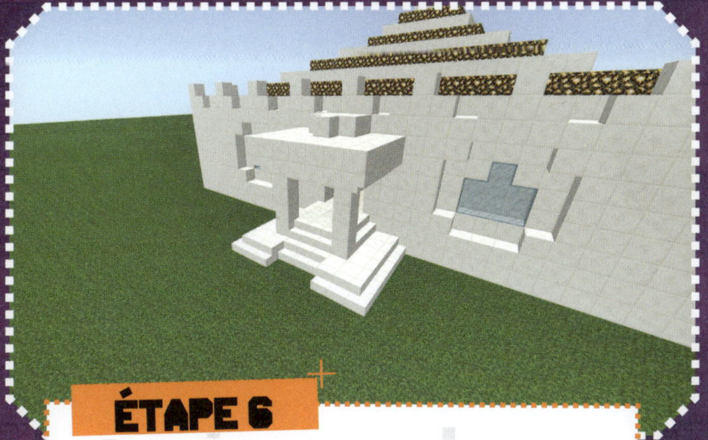

ÉTAPE 6

Avec des blocs de quartz, construis un porche à colonnes dont l'entrée fait 3 blocs de large, et avec une base de 7x5 blocs encadrée d'escaliers en quartz. N'oublie pas d'utiliser la symétrie !

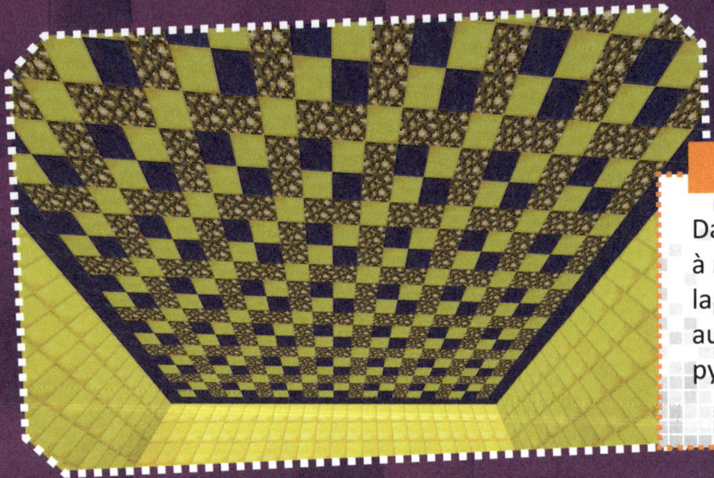

ÉTAPE 7

Dans le tombeau, réalise un plafond droit à motifs originaux avec des blocs d'or, de lapis-lazuli et de pierre lumineuse. Tu peux aussi décorer l'intérieur de la structure pyramidale du toit.

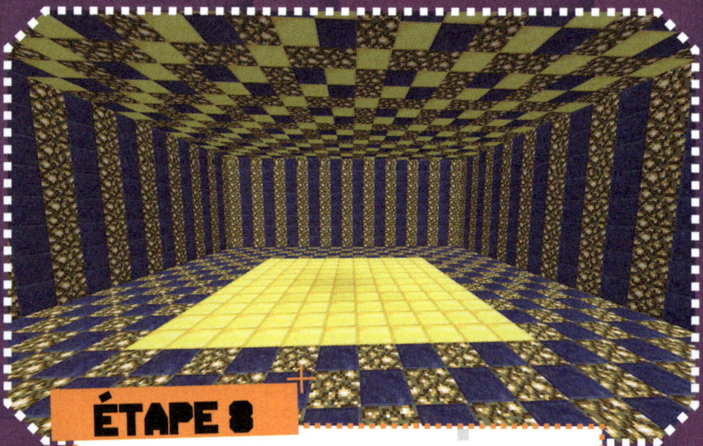

ÉTAPE 8

Décore les murs intérieurs avec des rayures de pierre lumineuse et de lapis-lazuli. Ajoute aussi un peu de variété avec des blocs de quartz.

ÉTAPE 9

En associant des blocs de quartz solide et de quartz taillé, construis un sarcophage au centre de la pièce avec une base de 5x7 blocs et une croix dorée dessus.

ÉTAPE 10

Construis autour du sarcophage une structure sans toit de 5 blocs de hauteur en associant des escaliers en quartz et des blocs de quartz solide et taillé. (À noter : crée un escalier intérieur desservant ton entrée !)

CONSEIL D'EXPERT !

EN LIEU SÛR

Autour du tombeau, plante un jardin avec de hautes haies, des douves et plein de torches, ce qui éloignera les créatures hostiles et sera le cadre parfait pour ton étonnante construction architecturale !

ÉTAPE 11

Au centre des quatre murs, ajoute des arches encadrées de fenêtres avec des détails symétriques. En plaçant des escaliers en quartz en haut dans les angles, les lignes droites seront adoucies.

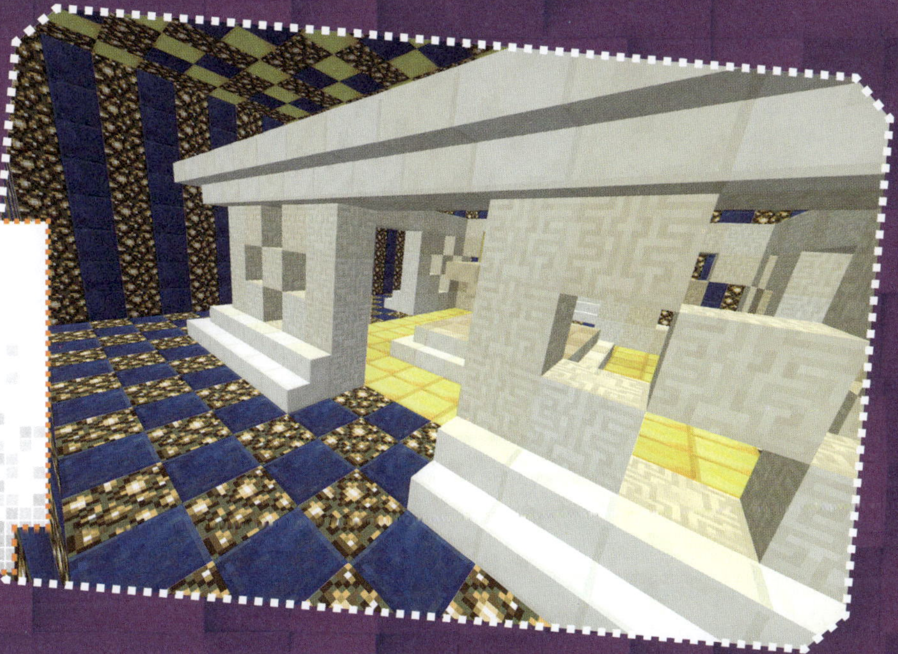

ÉTAPE 12

Ces détails aux fenêtres faits avec des blocs de quartz taillé te montrent comment associer des vides et des blocs pour créer dans tes constructions des ombres intéressantes bien définies.

CONSEIL D'EXPERT !

QUELLE LUMIÈRE FANTASTIQUE !

Finis ton toit par une balise sur une couche de diamants. Ainsi, en mode survie, tu repousseras mieux les créatures hostiles, et l'effet du faisceau lumineux sera hyper cool !

AFRIQUE STUPÉFIANTE

PALAIS

DIFFICULTÉ : EXPERT

TEMPS : 3 HEURES +

Ne rêvons-nous pas tous de vivre dans un palais ? L'Afrique peut se vanter d'avoir les plus majestueux du monde, et celui-ci est inspiré de l'architecture en Somalie. Alors, fais de tes rêves une réalité… si tu es prêt à empiler des tonnes de blocs !

MATÉRIAUX

ÉTAPE 1

Bâtis les fondations de 30x40 blocs de grès, avec des murs de 2 blocs d'épaisseur et 2 blocs de hauteur. Ajoute deux escaliers à l'avant.

ÉTAPE 2

Remplis les fondations pour créer un sol. Puis situe une tour de 5x5 blocs derrière chaque escalier, à relier par des diagonales au hall central de 22x14 blocs.

ÉTAPE 3

Ajoute des lignes symétriques d'un seul bloc de chaque côté de ton palais – indiquant les pièces latérales. Fais un rectangle de 2x4 blocs au centre du hall central : la base de ton escalier.

ÉTAPE 4

Bâtis les murs de ton hall central de 12 blocs de haut. Crée une entrée de 6 blocs de haut et de large, et 2 blocs de profondeur.

ÉTAPE 5

Fais le toit avec des dalles et des escaliers de grès, et décore l'extérieur du hall avec des blocs de grès rouge brut, taillé et poli, des dalles de grès rouge, du grès poli et des barrières de chêne noir.

ÉTAPE 6

Ta tour a des murs de 12 blocs de haut.

ÉTAPE 7

Fais les toits en dalles de grès et escaliers. Orne les fenêtres des tours de barrières en chêne noir et dalles de grès rouge.

ÉTAPE 8

Construis les murs restants de 6 blocs de haut.

ÉTAPE 9

Crée des pièces sur les côtés du palais grâce aux indications d'un bloc faites à l'étape 3, avec des lits, des bibliothèques, des dalles de grès et des coffres de l'Ender.

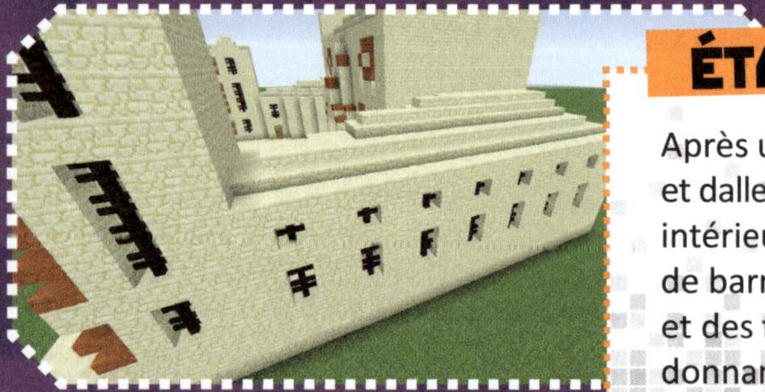

ÉTAPE 10

Après un toit en escaliers et dalles de grès, crée des portes intérieures en bois ornées de barrières en chêne noir et des fenêtres de ce bois donnant sur l'extérieur.

ÉTAPE 11

Orne ta cour de grès rouge, de blocs de grès rouge taillé, de dalles de grès rouge, de jeunes acacias et de blocs de cactus.

ÉTAPE 12

Construis un mur décoratif à l'avant de ton palais.

CONSEIL D'EXPERT !

SOUS PRESSION

Super pour faire des plateaux de table, les plaques de pression devant des portes du même matériau leur permettent de s'ouvrir automatiquement.

ÉTAPE 13

Dans le hall central, bâtis ton escalier sur le rectangle de 2x4 fait à l'étape 3, avec des escaliers en grès, du grès, des barrières de chêne noir et des torches, le 1er étage étant 7 blocs plus haut.

ÉTAPE 14

En bas des marches, fais de chaque côté des colonnes d'escaliers avec du grès rouge taillé et de la terre durcie de différentes couleurs.

CONSEIL D'EXPERT !

CRÉATION DE JEU

Crée 1 échiquier et 1 table avec un bloc musical et des trappes en bois de chaque côté.

ÉTAPE 15

En bas, meuble le hall central de bibliothèques en barrières, chaises en escaliers et panneaux de chêne, et sofas en lapis-lazuli et dalles de quartz.

ÉTAPE 16

À l'étage, la table est faite en barrières de chêne noir et plaques de pression pondérées, en chaises en laine rouge, portes en épicéa ou chêne et en trappes en bois. Décore avec des portes-armures, une armure d'or et des toiles.

ÉTAPE 17

Crée l'éclairage extérieur avec des lampes en luminite, trappe en bois et barrière de chêne noir. Et voilà, tu as ton palais !

DE TOUTE BEAUTÉ

L'Asie, gigantesque continent, foisonne d'édifices de 1re classe : le magnifique Taj Mahal en Inde, la super longue Muraille de Chine, et la Burj Khalifa à Dubaï battant tous les records de hauteur. On n'y manque pas d'inspiration !

« H2O, C'EST SI COOL ! »

Ces minuscules îles de la baie de Ha Long au Vietnam ressemblent au rarissime biome marécage M. Sûrement pas facile d'y construire, mais tu pourras laisser ton empreinte dans ce lieu très étonnant. Et avec toute cette eau, tu seras bien protégé en mode survie.

CONSEIL D'EXPERT !

UNE BEAUTÉ SIDÉRANTE

Choisis ton site de construction, en sachant que des terrasses de culture, comme en Thaïlande, et des biomes de type plateau sont tout prêts dans le jeu.

Avec l'autorisation de 'SuperTruperHans'

AU-DESSUS DU MONDE

La Burj Khalifa est si haute qu'elle oscille au vent dans un rayon de 2 m ! Si tu veux la faire à l'échelle, sa hauteur est de 828 m, mais il n'y a que 250 blocs de haut possibles. Place 207 blocs, 1 bloc en représentant 4. La prismarine fait de super blocs décoratifs et résistants aux explosions pour bâtir des gratte-ciel. Les fissures en surface passent du turquoise au vert, du violet à l'indigo et vice-versa.

Avec l'autorisation de 'lexa2'

UN MUR UNIVERSEL

Gros chantier sur des milliers d'années – tes créations devraient aller plus vite ! –, la Grande Muraille est faite de pierres, de sable, de terre, de briques et de farine de riz gluant (désolé, tu ne trouveras pas cette farine dans ton inventaire !).

CONSEIL D'EXPERT!

UNE RÉPÉTITION SOIGNÉE

En répétant des détails sur tes édifices pour obtenir de la symétrie et du style, tu gagneras en rapidité et compétences.

COUR INTÉRIEURE

DIFFICULTÉ : FACILE

TEMPS : 1 HEURE

Les cours intérieures sont toujours entourées de bâtiments, mais en réalisant celle-ci, concentre-toi pour le moment sur les détails au niveau du sol et le plan sans constructions, mais dont tu pourras clôturer ton jardin secret une fois terminé !

MATÉRIAUX

ÉTAPE 1

Réalise un sol lisse de 24x24 blocs de grès poli. À partir de 4 blocs du bord vers l'intérieur, crée autour un motif répétitif avec des pavés.

ÉTAPE 2

Fais des murs de 6 blocs de pavés de haut tout autour de ta cour avec 4 portes dans chaque mur. Veille à laisser le même écart entre les portes.

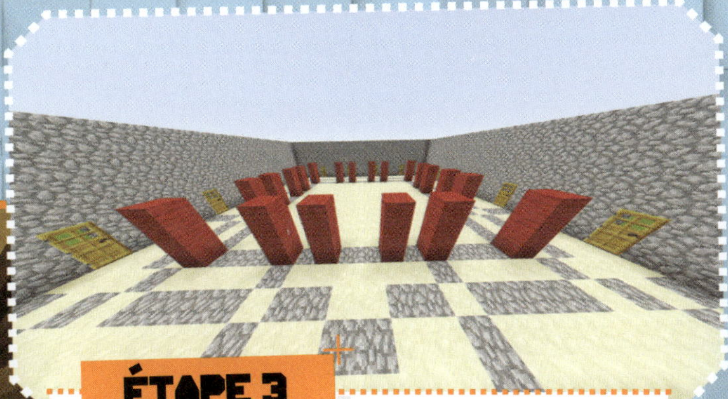

ÉTAPE 3

Au bord intérieur de ton motif, fais des colonnes de laine rouge de 3 blocs de haut. Aligne-les par rapport aux portes que tu pourras franchir pour aller directement au milieu de la cour.

ÉTAPE 4

Du haut de chaque colonne au haut des murs, construis maintenant un toit pentu tout autour de ta cour intérieure. Ajoute un peu de couleur vive avec de la terre cuite.

ÉTAPE 5

Il est temps d'être créatif... au milieu de ta cour, ajoute un détail intéressant, comme une fontaine, un motif au sol, un bel arbre ancien ou tout ce que tu veux !

ÉTAPE 6

Crée des haies symétriques autour de ta cour avec des feuilles de bouleau, ou fais un motif symétrique avec diverses plantes de Minecraft en pots, comme des fougères, des fleurs, de jeunes arbres ou des herbes.

ÉTAPE 7

Pour finir, mets quelques grands arbres à l'extérieur de ta cour, en veillant que leurs feuilles retombent sur le toit et vers le milieu de la cour dans un style traditionnel.

CONSEIL D'EXPERT !

PLUS DE PIÈCES

Maintenant que tu as une cour, pourquoi ne pas construire des pièces tout autour ? Tu as déjà les portes... décide donc de ce qui sera derrière !

PAGODE

DIFFICULTÉ : INTERMÉDIAIRE

TEMPS : 2 HEURES

Nos yeux se lèvent pour plonger dans cette immensité bleue où les pagodes aux lignes adoucies semblent flotter, et ça nous réconforte. Peux-tu créer une construction qui s'élève dans le ciel ?

MATÉRIAUX

ÉTAPE 1

Fais une base octogonale de 4 blocs de haut avec des planches de chêne. Construis des escaliers à chaque pan droit. Remplace par de la pierre taillée l'herbe autour de la pagode.

ÉTAPE 2

Fais des murs de 4 blocs de hauteur au bord de ta base avec de la laine de ta couleur préférée – il y a 18 coloris au choix !

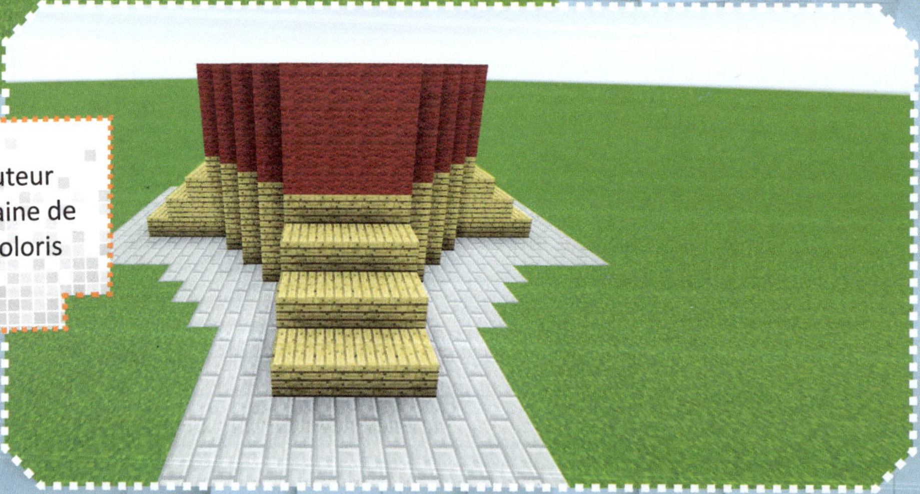

ÉTAPE 3

Ajoute une entrée dans l'un des murs en haut de l'escalier avec une laine de couleur différente. Pour décorer de chaque côté, place 2 pots avec des fleurs, de jeunes arbres ou de hautes herbes.

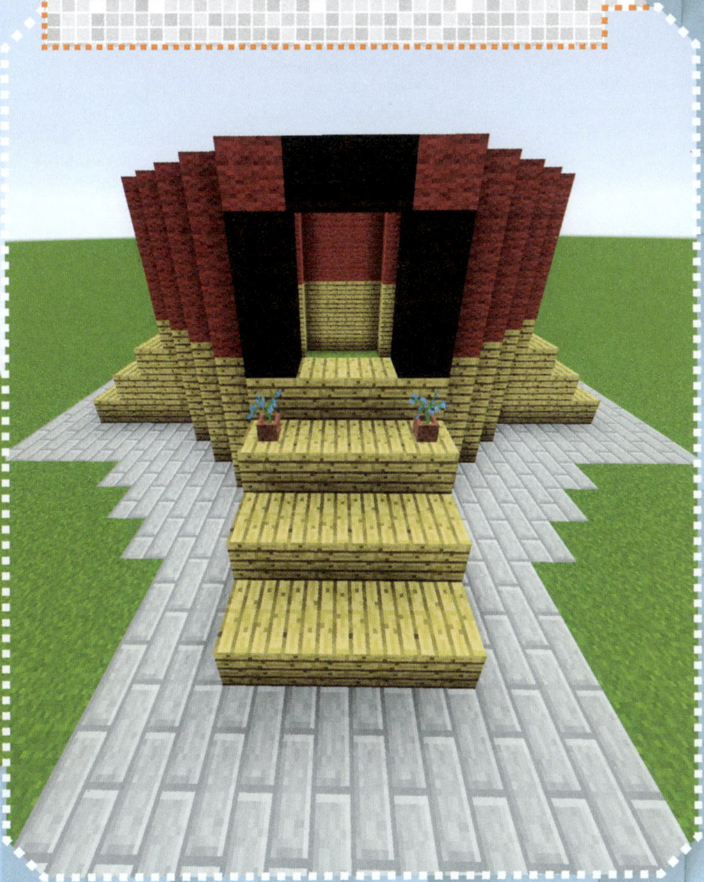

ÉTAPE 4

Fais une fenêtre dans chaque pan de mur droit avec de la laine de la même couleur que celle de l'entrée. Tu peux y mettre des vitres.

ÉTAPE 5

Crée ton 1er étage sur les murs avec des planches de chêne, et laisse un espace d'un bloc au bord d'un mur pour y ajouter plus tard une échelle.

ÉTAPE 6

Vers l'extérieur, ajoute 4 blocs autour de ton plancher en chêne pour faire la base du toit, qui est fait ici de planches de chêne, mais utilise les blocs que tu veux.

CONSEIL D'EXPERT !

AUTOUR DU BLOC

Pourquoi pas une pagode ronde, les blocs pouvant faire des courbes ? Associe des blocs seuls à des rangées de nombre impair. Les grandes dimensions donnent le meilleur résultat.

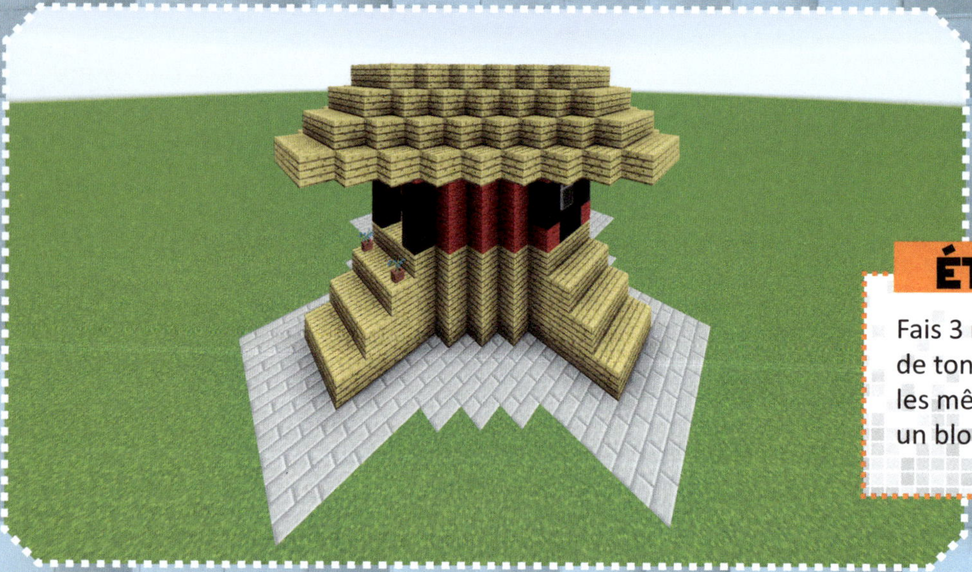

ÉTAPE 7

Fais 3 niveaux sur la base de ton toit. En suivant les mêmes lignes, ajoute un bloc à la fois.

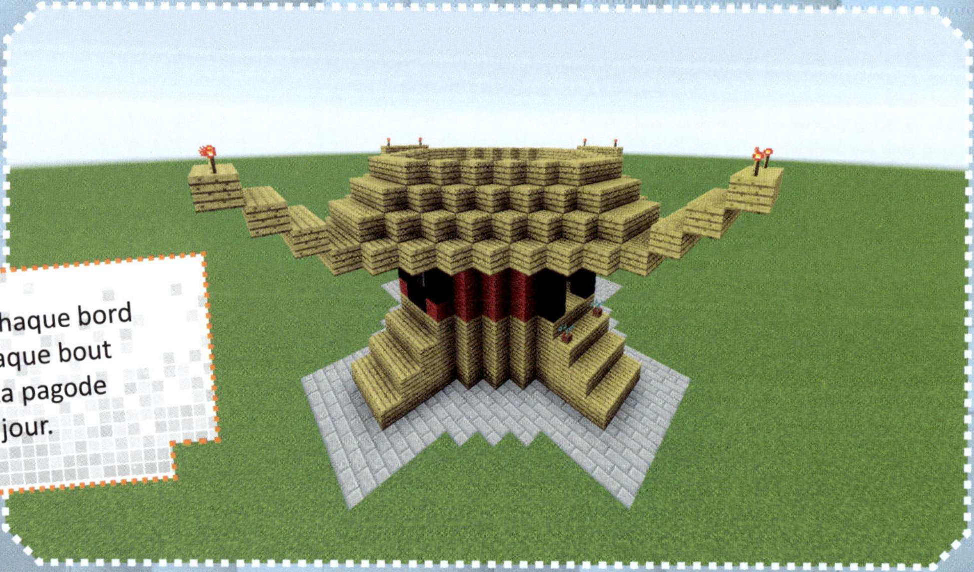

ÉTAPE 8

Ajoute une courbe en plus à chaque bord droit de ton toit et place à chaque bout une torche en séquoia, ainsi ta pagode sera aussi belle la nuit que le jour.

ÉTAPE 9

Construis le mur du premier étage de 4 blocs de haut et ajoute la même fenêtre qu'au rez-de-chaussée à chaque pan droit du mur.

ÉTAPE 10

Répète les étapes 5 à 9 autant de fois que tu veux jusqu'à ce que tu aies une pagode imposante ! Si tu ne veux plus ajouter d'étages, arrête à la fin de l'étape 8 et passe à la 11.

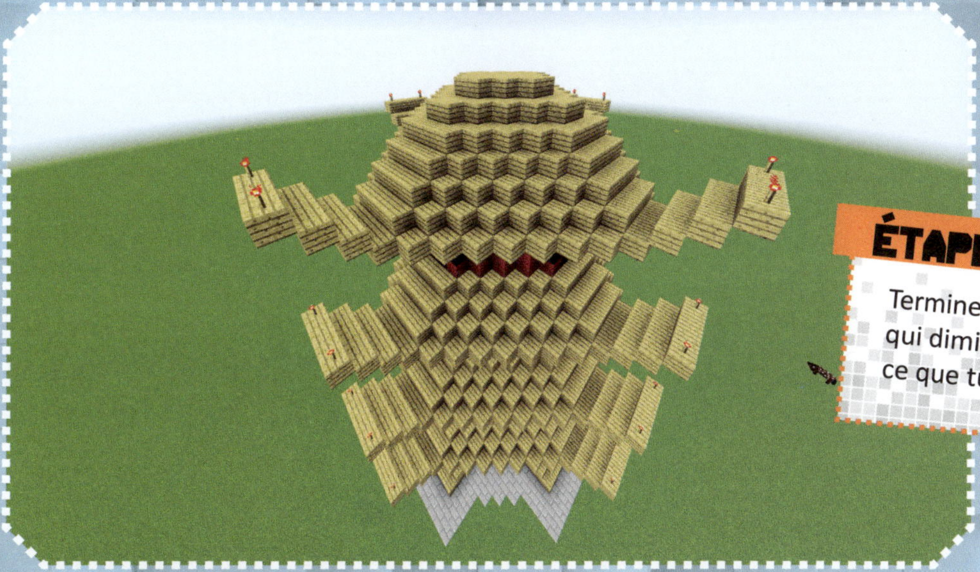

ÉTAPE 11

Termine ton toit en créant des niveaux qui diminuent peu à peu jusqu'à ce que tu arrives au milieu.

ÉTAPE 12

Te souviens-tu de tous ces espaces d'un bloc que tu as laissés au même endroit à chaque étage ? Il est temps de mettre une échelle partant du bas jusqu'en haut de ta pagode !

CONSEIL D'EXPERT !

PLAN GRAPHIQUE

Fais le plan de tes créations sur papier graphique pour mettre au point les dimensions, tu sauras ainsi obtenir les meilleurs résultats et seras mieux préparé en mode survie !

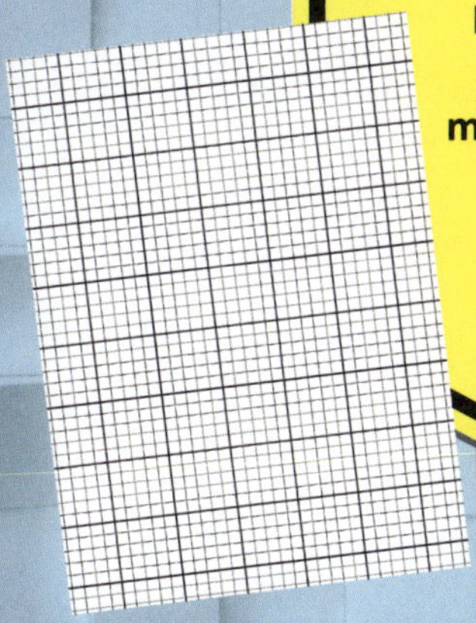

PAYSAGE URBAIN

DIFFICULTÉ : EXPERT

TEMPS : 3 HEURES +

MATÉRIAUX

La plupart des « Minecrafters » adorent l'idée de construire une ville entière, mais c'est plus facile à dire qu'à faire. Alors pourquoi ne pas créer un mini paysage urbain ? Cela satisfera ton envie d'y arriver ou t'inspirera un projet encore plus ambitieux. Prêt à relever ce défi ?

ÉTAPE 1

Commence par creuser 8 carrés de 15x15 espacés de 3 blocs et disposés par 4 sur 2 rangs, avec des pavés au bord et en diagonale. L'espace total pour cette construction : 69x33 blocs.

ÉTAPE 2

Crée des routes en laine noire et blanche qui circuleront entre tes 8 pâtés d'immeubles.

ÉTAPE 3

Situe tes constructions. Du 1er carré en haut au dernier carré en bas à droite, utilise ces blocs : quartz rayé, prismarine, prismarine noire, pierre taillée, diorite polie, brique, grès, andésite polie, granit poli, verre, brique du Nether et herbe.

ÉTAPE 4

Crée un parc. Clique droit avec ta pelle dans le carré d'herbe pour faire des allées. Pour les arbres, empile un bloc de bois sur l'autre et dispose 5 blocs de feuilles de chêne différemment. Ajoute des fleurs.

ÉTAPE 5

Dans le carré près du parc, commence ta première construction sur ta base en diorite polie. Mets des vitres noires aux fenêtres.

ÉTAPE 6

Finis ton immeuble par le toit. N'oublie pas l'éclairage là-haut – des torches ou de la pierre lumineuse seront super. Évitons que les chauves-souris s'y cognent la nuit !

ÉTAPE 7

Construis des murs pour tous les immeubles dans 4 de tes 8 pâtés, avec les mêmes blocs que pour la base. Varie la hauteur de chacun et ajoute encore des fenêtres aux vitres noires.

CONSEIL D'EXPERT !

DE LA LUMIÈRE EN BAS

Éclairer les bâtiments par en dessous les met en valeur avec des ombres sympas. Remplace par de la pierre lumineuse les blocs autour de leur base et le long des allées y menant.

ÉTAPE 8

Ta ville sera mieux si le toit des immeubles est fait avec les mêmes blocs que les murs. Varie formes et dimensions pour que leur silhouette soit plus intéressante.

ÉTAPE 9

Des lampes le long des contours différents des toits de tes immeubles feront un super effet de lumière. Éclaire l'intérieur de tes bâtiments pour qu'ils scintillent la nuit.

ÉTAPE 10

Fais un gratte-ciel en quartz rayé, prismarine et prismarine noire. En te guidant avec les blocs de la base, construis ta 1re section de 16 blocs de haut, puis 6 sections allant en diminuant en hauteur.

ÉTAPE 11

Fais des fenêtres de verre à intervalle régulier à l'extérieur de ton gratte-ciel. À l'intérieur, mets de la luminite derrière les blocs de verre pour avoir un magnifique paysage urbain la nuit.

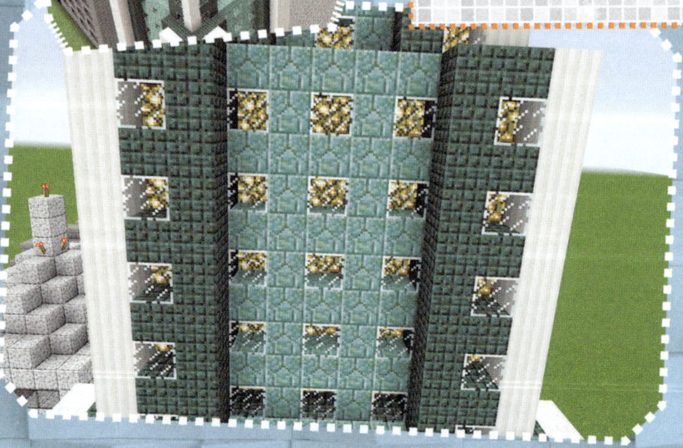

ÉTAPE 12

Avec les mêmes matériaux, ajoute des détails sur les côtés et en haut de ta tour.

ÉTAPE 13

Construis les murs de ton immeuble de verre de 24 blocs de hauteur. Tous les 3 blocs de haut, diminue-les d'un bloc de chaque côté vers un même point au sommet.

ÉTAPE 14

Remplace tes pierres angulaires de verre par des colonnes de pierre de 6x1, et mets-en d'autres en haut de tes murs. Relie les murs par des colonnes de verre en diagonale entre celles de pierre.

ÉTAPE 15

Finis ton toit avec un mélange de pierres polie et lumineuse. Avec un peu de cette dernière dans ton immeuble, quel luxe !

ÉTAPE 16

Ton paysage urbain est presque fini ! Avec des blocs et des barres de fer, crée l'attraction suprême d'une ville... une grande roue !

ÉTAPE 17

Construis la base de ta roue en planches de chêne. Relie les deux côtés au bloc au milieu de la roue. Puis ajoute des nacelles en verre coloré et une trappe en fer au pourtour.

CONSEIL D'EXPERT !

CIRCULE EN VILLE

Relie tes immeubles entre eux et aux routes en remplaçant certains pavés par des allées en laine noire ou marron. Prolonge tes routes dans tout le biome.

UN DÉCOR DE CONTES DE FÉES

Avec d'anciens châteaux, des pierres levées, des forêts denses et un littoral étonnant… l'Europe est riche en légendes ! Son architecture classique t'inspirera de fabuleux édifices.

CONCEPT ALPIN

Les Alpes sont le cadre de sports époustouflants, comme le ski et le snowboard. Dans le biome collines extrêmes, construis sur une montagne un petit chalet ou un gîte d'étapes avec sa piste de ski.

PRÉPARE-TOI

CONSEIL D'EXPERT !

Personnalise ta zone de construction. Prépare d'abord le terrain avec des arbres, des rochers, puis des fleurs, où tes créations s'intègreront bien.

DES STRUCTURES SURPRENANTES

À part des châteaux, cottages, chalets et tout bâtiment habitable, l'Europe foisonne de structures extraordinaires, comme la Tour Eiffel à Paris, l'une des plus célèbres, détenant pendant 41 ans le titre de plus haut édifice du monde, et toujours aussi emblématique.

Avec l'autorisation de 'sp_____ace'

UNE BEAUTÉ UTILE

Les célèbres moulins à vent des Pays-Bas, magnifiques, aux pièces amovibles, produisent de la nourriture grâce au pouvoir du vent. Ils sont multitâches ! À part te protéger des créatures hostiles, que pourrait faire pour toi ton prochain projet minecraftien ?

Avec l'autorisation de 'xPelix'

CONSEIL D'EXPERT !

CONTRÔLE AU SOL

Terraforme et transforme tes constructions avec des plantes, des sentiers, des jardins. Un moulin à vent s'intégrera au paysage avec des rangées de fleurs au pied.

TOUR DE L'HORLOGE

DIFFICULTÉ : FACILE

TEMPS : 1 HEURE

Si tu as tendance à perdre la notion du temps en jouant à Minecraft, cette construction facile t'encouragera à faire une pause ! Pas trop longue à réaliser, c'est vraiment le genre de vieille horloge qui sonne toutes les heures en rappelant aux personnages de contes de fées que le temps presse...

MATÉRIAUX

ÉTAPE 1

Fais une base pour ta tour de 20x20 blocs de pierre taillée et ajoute 2 marches en escaliers de pierre taillée.

ÉTAPE 2

Construis une tour de 60 blocs de haut avec des motifs et saillies pour briser les lignes verticales. Fais-la en grès poli, murs de pavés, andésite polie, bois d'épicéa et planches de ce même bois.

ÉTAPE 3

Le cadran de l'horloge fait 15x15, le point central et les heures sont en charbon, le contour en diorite et le cadran en quartz.

ÉTAPE 4

Crée une entrée au pied de ta tour en ajoutant une porte en bois avec des détails décoratifs autour, comme indiqué, ou sers-t'en comme inspiration pour créer quelque chose toi-même !

ÉTAPE 5

Crée ensuite un escalier à l'intérieur de ta tour, de 3 blocs de large et fait de pavés et d'escaliers en pavés. Pose un plancher au niveau inférieur de ton cadran.

ÉTAPE 6

Tu as créé un étage avec vue, mais ajoute des fenêtres autour de ta tour au même niveau que le cadran, avec des blocs de verre ou des vitres.

ÉTAPE 7

Termine ta tour de l'horloge par un toit pointu, avec un mélange de pierre taillée et d'escaliers en pierre taillée, ou essaie quelque chose d'un peu plus fou, comme de l'or !

CONSEIL D'EXPERT !

RELIE LES POINTS

Ta prochaine construction est une maisonnette. Pourquoi ne pas la faire près de ta tour ? Avec un parc et un étang, tu seras en bonne voie pour créer un hameau européen !

MAISONNETTE

DIFFICULTÉ : INTERMÉDIAIRE

TEMPS : 2 HEURES

Tu pourras vivre heureux jusqu'à la fin des temps dans cette petite maison de conte de fées, après avoir vaincu tous ces méchants mobs. Trouve un joli coin, comme à la lisière d'un bois, et mets de la laine blanche et du bois de chêne noir sur ta barre d'action…

MATÉRIAUX

ÉTAPE 1

Fais un plancher en chêne, des murs de 5 blocs de laine blanche de haut, des colonnes en chêne noir, et laisse de la place pour la porte et les fenêtres.

CONSEIL D'EXPERT !

LIBÈRE TA CRÉATIVITÉ !

Varie les formes en faisant les fondations de tes constructions. La symétrie, c'est bien, mais en les faisant autrement qu'en simple carré ou rectangle, tes créations seront plus intéressantes.

ÉTAPE 2

Mets des vitres à tes fenêtres.

ÉTAPE 3

Avec une porte en épicéa en retrait d'un bloc, ton porche fera ancien.

ÉTAPE 4

Fais un escalier le long de l'un des deux murs courts en face du mur du fond plus long, des rampes en barrières de chêne noir du côté ouvert, et un plafond en chêne 4 blocs plus haut.

ÉTAPE 5

Fais un toit pointu sur la longueur de ta maison en mettant à partir du 1er étage des balles de foin en diagonale se rejoignant au milieu, puis un autre toit pointu sur le devant et une cheminée en pavés.

ÉTAPE 6

Dans l'angle en face de l'escalier, fais un salon où mettre sofa en laine, tapis, tableaux, étagères à livres sous l'escalier et torches de redstone, un éclairage rustique !

ÉTAPE 7

Fais la cuisine dans l'angle opposé, avec de la pierre taillée, des fourneaux et un établi. Ajoute un sofa d'angle près de la porte, une table et des chaises.

CONSEIL D'EXPERT !

TOUT CONFORT

Fais un frigo avec 2 blocs de fer et un bout de barre de fer. Fais aussi un évier avec un chaudron rempli d'eau, et un ordi portable avec un tapis et une petite toile !

ÉTAPE 8

À l'étage, ferme l'espace entre le toit et le sol pour le rendre confortable, avec des rampes en haut de l'escalier fait de barrières en chêne noir. Décore-le avec plus de sofas et d'étagères à livres.

ÉTAPE 9

Fais une chambre au-dessus de l'entrée, un lit géant avec une trappe en bois et en laine rouge et blanche, des lampes en luminite, des poteaux de barrière sur des tables de chevet en chêne noir et des torches aux murs.

ÉTAPE 10

Fais un portail en chêne noir à 2 portillons, d'où part un chemin courbe en gravier pour aller à la porte d'entrée de ta maisonnette.

ÉTAPE 11

Mets des haies de part et d'autre du portail et autour de ta maison, et un peu de toile d'araignée à la cheminée pour faire une volute de fumée. Il est temps de faire ton jardin...

ÉTAPE 12

Mets quelques arbres et fleurs dans la haie. Ajoute des bancs en escaliers de chêne. Tu peux même ajouter une balançoire, une cabane dans un arbre ou un belvédère !

UN CHÂTEAU

DIFFICULTÉ : EXPERT

TEMPS : 3 HEURES

L'Europe foisonne de châteaux, dont les plus célèbres sont en France, et bon nombre sont situés près de lacs ou au cœur d'une forêt. Quel biome sera pour toi le meilleur choix ? Une rivière, un plateau, une forêt couverte ou un lieu sauvage ? Quoi que tu choisisses, assure-toi d'éclaircir une large étendue herbeuse pour entourer ton château d'un jardin joliment paysagé.

MATÉRIAUX

ÉTAPE 1

Les bonnes fondations font les grands édifices ! Crée un sol en damier original avec du quartz, du charbon et du grès rouge poli : fais un rectangle de 51x25 blocs et ajoute 4 cercles à chaque angle.

ÉTAPE 2

Autour du sol, construis des murs hauts de 9 blocs de grès rouge taillé. Construis-en aussi sur les lignes intérieures indiquées pour créer 3 pièces. Fais un plancher en acacia 5 blocs plus haut pour créer un étage.

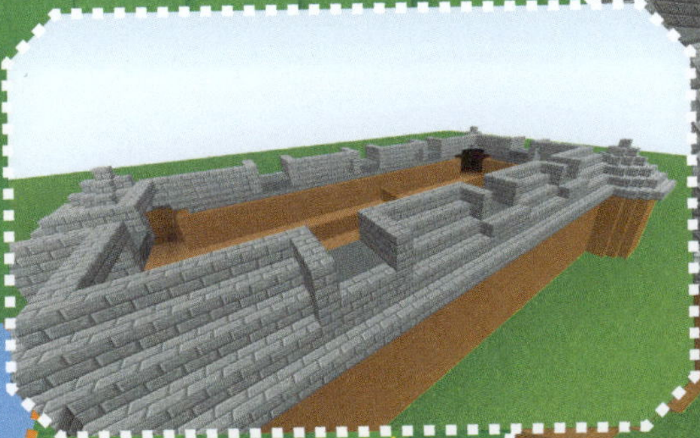

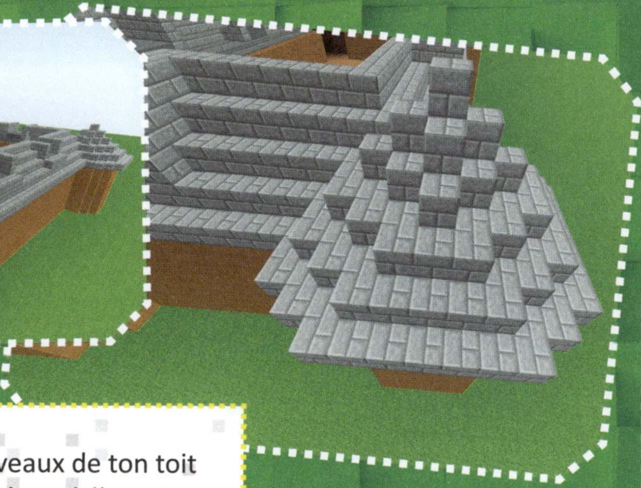

ÉTAPE 3

Construis les 5 premiers niveaux de ton toit en pierre taillée. Crée 3 fenêtres à l'avant et à l'arrière, et 1 à chaque extrémité avec des détails en blocs de pierre. Finis tes 4 tours par un seul bloc.

ÉTAPE 4

Construis le toit en terminant par une rangée d'un seul bloc au sommet. Puis à partir de celle-ci, ajoutes-en une autre sur toute la toiture et tes 4 tours, comme indiqué.

ÉTAPE 5

Construis une entrée au centre de ton mur. Utilise du grès rouge taillé et prolonge ton sol à l'extérieur pour donner un indice de ce qui est à l'intérieur.

ÉTAPE 6

Crée des colonnes à l'entrée, un balcon avec du grès rouge taillé et une barrière en bois de bouleau.

ÉTAPE 7

Crée des fenêtres et des mini-balcons de part et d'autre de ton entrée avec les mêmes matériaux. Pour plus de lumière à l'intérieur, construis les mêmes fenêtres et balcons à l'arrière de ton château.

ÉTAPE 8

Utilise du grès taillé pour ces détails décoratifs sous les toits des tours. Ajoute un poteau de bois en haut de chaque tour. Ça commence vraiment à ressembler à un château !

ÉTAPE 9

Termine tes tours par 2 petites fenêtres dans les deux murs en façade, comme indiqué. N'oublie pas de les vitrer avant de commencer à travailler à l'intérieur de ton château.

ÉTAPE 10

Au fond du hall principal, crée une entrée ornée de tableaux et de torches. Fais des tables et des sofas avec un escalier et des blocs de quartz. Complète une armure avec des poteaux de bois.

ÉTAPE 11

Fais un escalier en spirale dans chaque tour avec des blocs et des escaliers de quartz, sans oublier de perforer un trou dans ton plancher pour l'emprunter, et de faire une arche.

ÉTAPE 12

Fais un salon dans l'une des pièces du bas avec des sofas et fauteuils en quartz et laine blanche. Ajoute de l'éclairage avec des poteaux en bouleau, des torches et du quartz.

ÉTAPE 13

Dans la salle à manger, crée une table avec des dalles et des blocs de quartz, des chaises avec un escalier en quartz et le même éclairage qu'au salon.

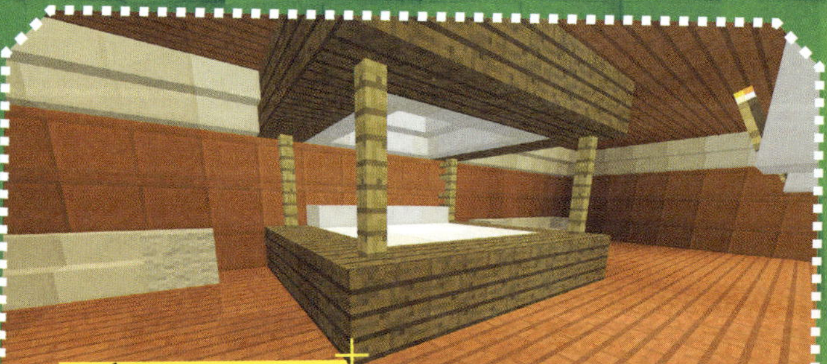

ÉTAPE 14

Avec des escaliers en quartz (et de la laine blanche aux bouts), crée le plafond, l'oreiller, les sofas. Le matelas en quartz entre des planches et poteaux en acacia fera un lit à baldaquin.

ÉTAPE 15

Fais ton allée avec du grès poli, bordée de feuilles d'acajou et de murets de grès rouge poli, avec des roses en pots sur le dessus pour décorer.

ÉTAPE 16

Prolonge en ligne droite ton allée en grès poli en dehors du château. Élargis-la symétriquement et borde-la d'une haie et de murets. Creuse de 2 blocs et fais un rectangle de 6x2. Crée un rebord dessus. Puis ajoute de l'eau !

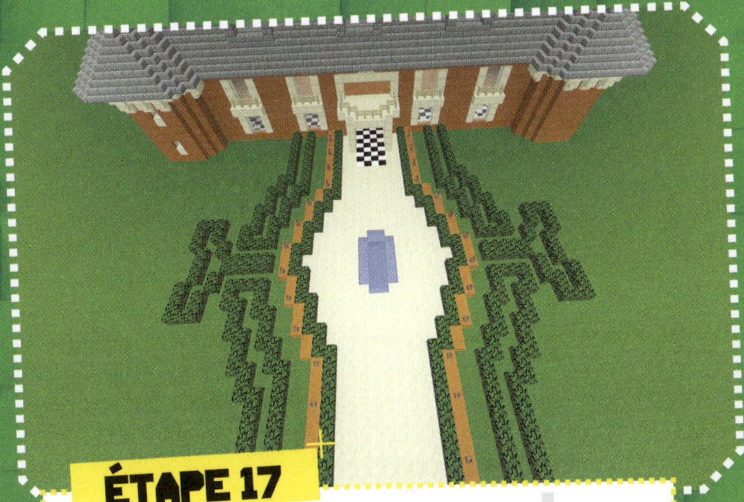

ÉTAPE 17

Termine ton jardin par des haies ornementales de forme originale de part et d'autre de ton allée, mais n'oublie pas de t'assurer que ce soit symétrique, ainsi ta construction sera très originale et bien conçue.

CONSEIL D'EXPERT !

DE HAUT EN BAS ET VICE-VERSA

Monter à l'étage sera plus amusant si tu mets une échelle dans l'une des tours ou un ascenseur hydraulique – aussi facile à faire qu'une colonne de blocs d'eau !

DÉTAILS AQUATIQUES

CONSEIL D'EXPERT !

Tant de châteaux sont entourés d'eau. Avec des douves près du tien, les créatures hostiles s'en iront. Tu peux aussi ajouter une fontaine dans tes jardins.

DESIGN AUX ANTIPODES

As-tu pensé à créer une maison rappelant ton chat ou ton fruit préféré, ce que des architectes ont fait en Australie et Nouvelle-Zélande ? Ces paysages ressemblent à des biomes : de quoi t'inspirer !

« UN DÉCOR DÉSERTIQUE »

En Australie, le désert des Pinnacles est plus spectaculaire que le biome désert de Minecraft. Ces formations rocheuses font penser à des constructions ! Tu ne crées pas qu'un édifice, mais un monde. Crée en grand pour t'adapter à ces vastes espaces !

CONSEIL D'EXPERT !

UN ACCORD PARFAIT

Ta construction doit être adaptée au biome – un igloo n'ira pas dans un désert ! Choisis bien le lieu idéal où construire.

Avec l'autorisation de 'ole22143'

PELURE D'ORANGE

Peler une orange a inspiré le projet final de l'architecte Jorn Utzon pour l'opéra de Sydney. La prochaine fois que tu dévores un snack, ça te donnera peut-être une idée pour l'un de tes chefs-d'œuvre minecraftiens !

CONSEIL D'EXPERT !

LE MOINS EST UN PLUS

Utilise 5 types de blocs maximum pour ta construction – qui, si tu en utilises plus, risque d'avoir l'air en pagaïe.

FAIS LE BUZZ

En Nouvelle-Zélande, The Beehive, dont les fenêtres du haut font penser aux yeux des endermen, est inspiré d'une ruche dessinée sur une boîte d'allumettes.

DANS LA NICHE

En Nouvelle-Zélande, un célèbre bâtiment en forme de chien est juste à côté de deux autres en forme de mouton ! Il y a plein de créatures passives (chiens, moutons, cochons, champimeuhs…) pour t'inspirer et tu pourrais même te servir d'un zombie…

CABINE DE PLAGE

DIFFICULTÉ : FACILE

TEMPS : 1 HEURE

Les plages de sable d'Australie et de Nouvelle-Zélande sont bien connues. Pour cette construction, choisis-en une ou un biome désert. Une cabine de plage pleine de boissons fraîches, super pour s'abriter du soleil ! Voici comment réaliser la tienne...

MATÉRIAUX

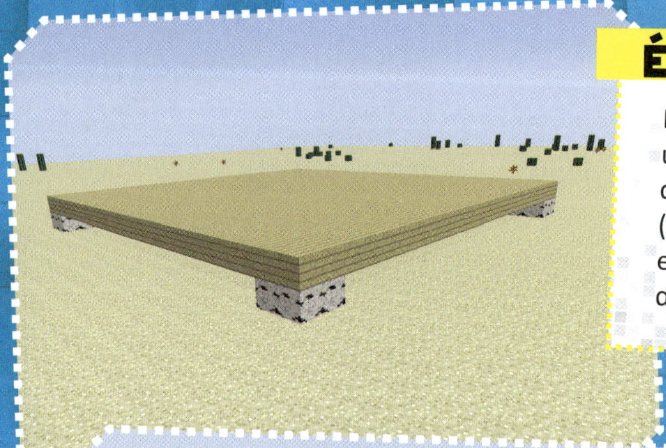

ÉTAPE 1

Bâtis ta cabine de plage sur une base de 22x22 blocs avec des planches de bouleau (pour leur couleur sable) et des supports à chaque angle de 2x2 blocs de ce bois.

ÉTAPE 2

Ta cabine aura un style balnéaire en entourant un carré de 16x16 de murs rayés de quartz et de lapis-lazuli ou d'autres blocs. Fais 2 portes en bouleau sur chaque mur pour aérer.

ÉTAPE 3

Fais entrer le soleil avec plein de fenêtres autour des murs, et des vitres pour éviter que ta cabine soit tout d'un bloc !

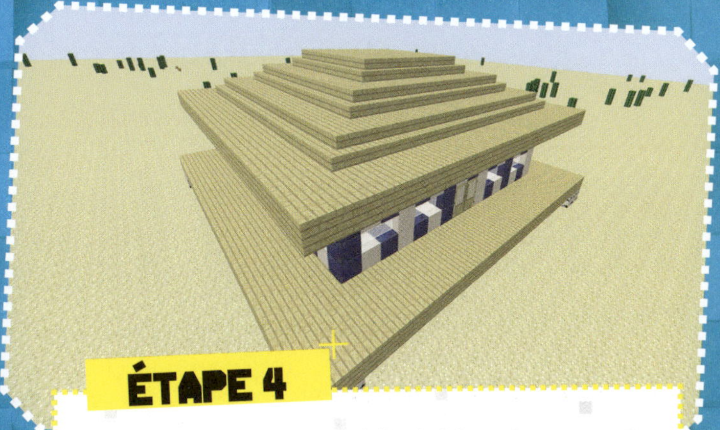

ÉTAPE 4

Construis maintenant le toit ! Pose sur tes murs un carré de 22x22 fait de planches de bouleau, puis ajoute trois couches au-dessus en associant des escaliers et planches de ce bois.

ÉTAPE 5

Fais une véranda en fermant ta base avec une barrière en bouleau. Prévois un escalier menant à la plage en face de l'une des portes (ou de toutes !).

ÉTAPE 6

Tes invités seront bien accueillis si tu mets sur la véranda des tables faites avec deux escaliers à l'envers et dos à dos, et des chaises faites d'un escalier en bouleau : c'est facile !

ÉTAPE 7

Au centre de ta cabine, fais un comptoir de 6x6 avec une colonne centrale et un éclairage de pierre lumineuse, 6x6 blocs de quartz au plafond, et pose dessus des alambics et un melon pour se désaltérer.

CONSEIL D'EXPERT !

DU PAYS

Pas la moindre créature passive sur la plage. Si tu veux quelques animaux de compagnie, fais éclore des œufs que tu trouveras dans ton inventaire en mode créatif.

AMPHITHÉÂTRE

DIFFICULTÉ : INTERMÉDIAIRE

TEMPS : 2 HEURES

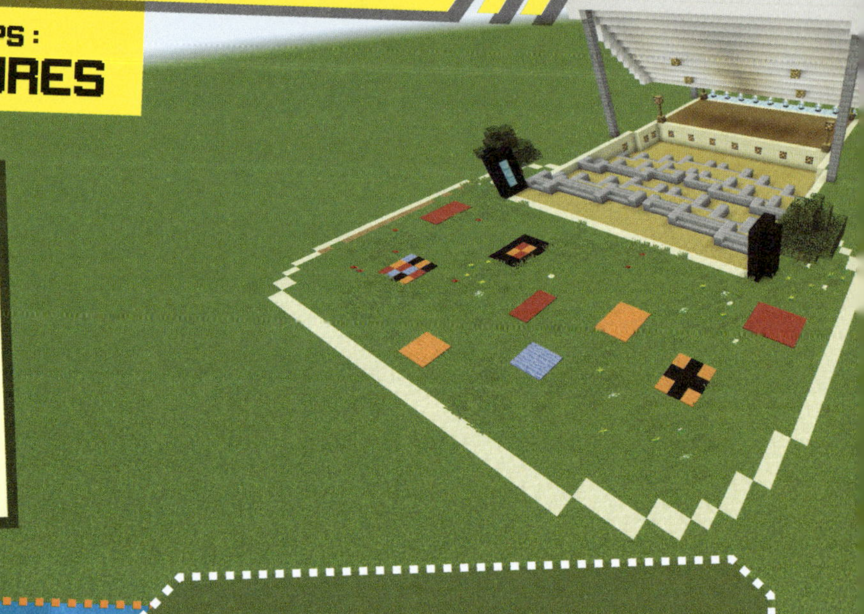

Cette construction est inspirée du Sidney Myer Music Bowl, un amphithéâtre en Australie, où se jouent en plein air des spectacles, de la musique et des pièces dramatiques. Dans Minecraft, le biome sera aussi là où se passe l'action, comme un concert de creepers ou une pièce pleine de zombies et de cavaliers squelettes. Tu verras bientôt ce que c'est !

MATÉRIAUX

ÉTAPE 1

Fais les fondations de 29x15 blocs de grès poli. Prolonge les côtés plus courts de 6 blocs et élargis les bords d'un bloc de chaque côté. Compte 14 blocs sur ces bords plus larges, puis relie-les.

ÉTAPE 2

Laisse de côté la scène de 29x15 et creuse de 4 blocs le reste des fondations. Fais des murs en grès poli et un plancher en chêne. À 10 blocs d'écart de la scène, fais 3 niveaux profonds chacun de 5 blocs.

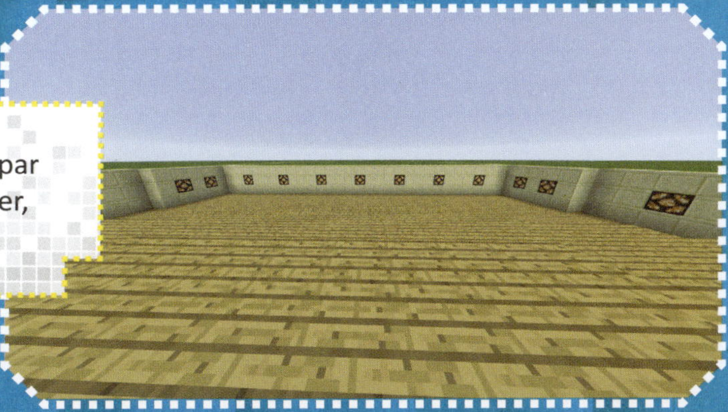

ÉTAPE 3

Remplace les blocs de grès poli par de la luminite à intervalle régulier, pour un éclairage d'ambiance.

ÉTAPE 4

À partir des niveaux créés à l'étape 2, fais des sièges en escaliers et planches en chêne, andésite polie et escaliers en pierre rayée.

ÉTAPE 5

Pour la scène, remplace l'herbe par des planches de chêne noir. Ajoute des trappes et un coin secret sous le plancher... pour les scènes qui font peur ou se cacher des zombies !

ÉTAPE 6

Crée un éclairage de scène en bois, barrières de chêne noir et pierre lumineuse. Mets-en plein si tu veux... tout dépend si tes acteurs sont des créatures hostiles ou non.

CONSEIL D'EXPERT !

LES LOGES

Sur le côté de la scène, crée une pièce avec coffres, portes-armures et chaises où tes acteurs se prépareront.

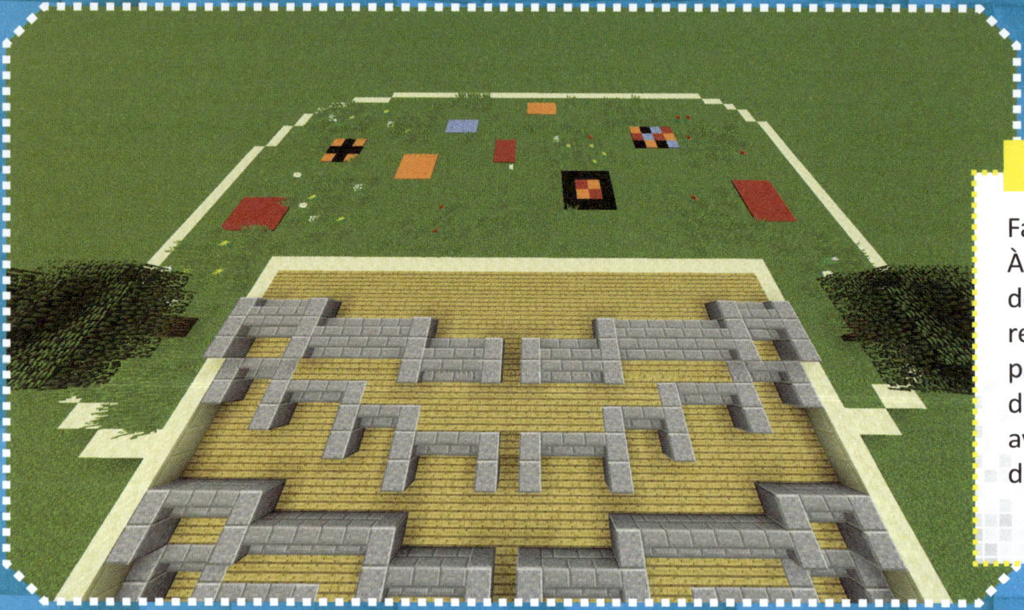

ÉTAPE 7

Fais une limite en grès poli. À l'arrière des sièges, ajoute des tapis colorés pour recevoir la foule attirée par tes spectacles. Sème des fleurs et fais des arbres avec le bois et les feuilles dans ton inventaire.

ÉTAPE 8

Crée des supports de toit en pierre taillée au-dessus de la scène, de 5 blocs de haut à l'arrière et 20 blocs à l'avant. Construis les côtés du toit avec du fer. Le bord supérieur est structurel, le bord inférieur décoratif.

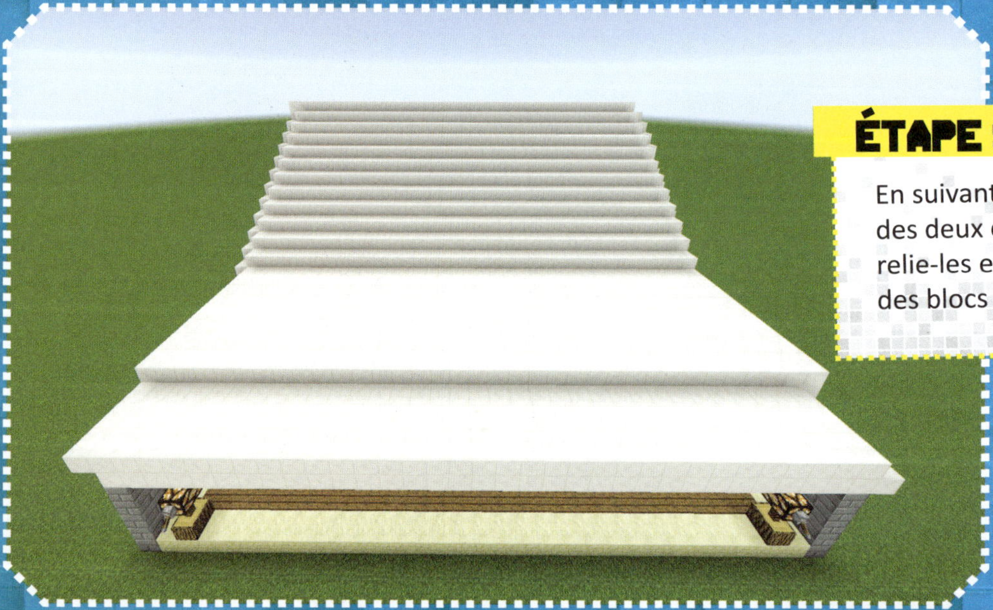

ÉTAPE 9

En suivant le bord supérieur des deux côtés de ton toit, relie-les en ligne droite par des blocs de fer.

ÉTAPE 10

Ajoute autant que tu veux de la pierre lumineuse à intervalle régulier pour éclairer le toit. Si tu mets des leviers, tu pourras ajuster facilement l'éclairage comme tu veux.

ÉTAPE 11

Remplace l'herbe derrière la scène par une rangée de blocs de diamant de 3 blocs de large. Ajoute des balises dessus séparées de 2 blocs pour un éclairage de scène génial !

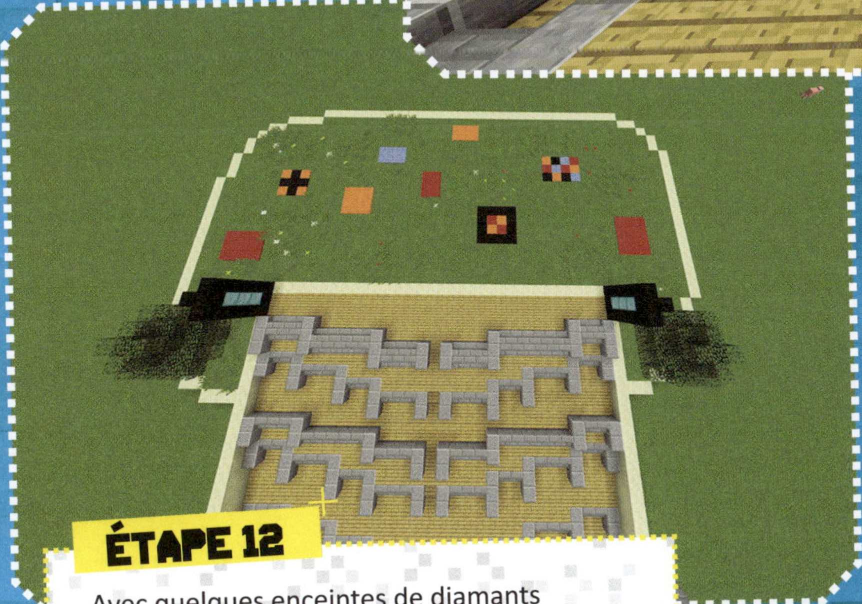

ÉTAPE 12

Avec quelques enceintes de diamants et de laine noire au fond de ton amphithéâtre, il ne manquera plus que les musiciens !

CONSEIL D'EXPERT !

LE SHOW DANS LE PUBLIC

Creuse un tunnel à l'extérieur de l'amphithéâtre menant aux sièges juste devant la scène, une entrée cool pour tes invités !

MINE

DIFFICULTÉ : EXPERT

TEMPS : 3 HEURES

L'Australie est réputée pour son exploitation minière des pierres et métaux précieux sous ses paysages de l'arrière-pays. Cette construction d'inspiration australienne t'emmènera sous la surface du biome de ton choix et ouvrira sur un tout nouvel univers (souterrain) d'idées de construction. Casque sur la tête et au boulot !

MATÉRIAUX

ÉTAPE 1

Choisis un biome mesa, qui ressemble le plus à l'outback australien. Crée d'abord un parking de 29x22 blocs de diorite et d'obsidienne polies.

ÉTAPE 2

Crée un bureau de chantier en pierre taillée, avec des vitres aux fenêtres, des portes en fer et un plancher en chêne.

ÉTAPE 3

Fais le toit de ton bureau en dalles de pierre sur 3 niveaux. Les couleurs ternes et volumes cubiques indiquent que c'est dur de travailler à la mine !

ÉTAPE 4

Décore l'intérieur du bureau avec des torches, des bibliothèques, un siège en escalier de chêne, des cactus en pot, des pioches encadrées au mur, puis ajoute un ordi.

ÉTAPE 5

Crée ensuite une route en obsidienne partant tout droit du bureau, de 2 blocs de large et d'au moins 100 blocs de long.

CONSEIL D'EXPERT !

FANTASTIQUE TECHNOLOGIE

Fais un ordi en escalier de pierre taillée, tableau et plaque de pression en pierre, une souris en bouton de pierre, ou facile, un portable en tableau et plaque de pression !

ÉTAPE 6

Enlève des blocs en surface du biome pour faire un cercle de 45 blocs de diamètre. Pour créer ta mine, retire des couches de blocs en cercle en réduisant à chaque fois le diamètre.

ÉTAPE 7

Prolonge ta route en obsidienne, qui fera le tour du sommet de ta mine avant d'y descendre.

ÉTAPE 8

L'entrée de la mine est en bois et barrières en bois. Les linteaux font 4 blocs de large. Mets des panneaux avertisseurs.

ÉTAPE 9

Repousse des blocs pour faire un hall juste dans l'entrée. Soutiens le plafond avec des linteaux et poteaux en bois. Plante le décor avec des rails et des torches.

ÉTAPE 10

Dans un coin de l'espace d'entrée, ajoute des torches et creuse un puits de mine aussi loin que tu veux !

ÉTAPE 11

Ajoute une échelle d'un côté du puits de mine pour descendre au fond.

ÉTAPE 12

Au fond, creuse un tunnel et éclaire avec des torches.

ÉTAPE 13

Fais des supports de murs en poteaux et linteaux de bois. Mets sur les côtés des rails alimentés par des torches de redstone (donc à remplacer à l'occasion), et un chariot de mine.

ÉTAPE 14

Hors du tunnel, retire des blocs pour faire une pièce d'extraction.

ÉTAPE 15

Pose des rails menant au tunnel. Remplace certains blocs des murs par des blocs de diamant pour montrer ce qui en est extrait.

CONSEIL D'EXPERT !

TOUT ÇA EST À MOI !

Baptise ta mine et fais une sculpture d'or et diamants près du bureau. Il te faudra un peu de clôture haute en barres de fer autour du périmètre... pas trop cher pour toi, hein ?

LA MÉTHODE AMÉRICAINE

Un édifice narre-t-il une histoire ? Une ville peut-elle disparaître ? C'est le cas aux Amériques ! La Statue de la Liberté parle d'amitié, de liberté et d'espoir, et le Machu Picchu a mis du temps à être découvert dans les Andes, au Pérou, ou serait-ce dans les hauteurs du biome taïga verdoyant ?!

« UN RÊVE DE CONIFÈRES »

Inspire-toi des bords de la rivière Bow au Canada, lieu paisible aussi vert que le biome taïga, pour bâtir une cabane en rondins… ou une ville florissante. Laisse libre cours à ton imagination. Quel est le défi ? Que tes constructions s'y fondent !

CONSEIL D'EXPERT !

PETIT À PETIT

Les grandes villes et panoramas urbains emblématiques du monde sont en Amérique. « Minecrafter » à l'américaine prend du temps pour placer un par un des immeubles au bord d'une route.

Avec l'autorisation de 'CyberRocky1'

« DES MAÎTRES BÂTISSEURS »

Comment les Incas transportaient et taillaient les pierres pour bâtir le Machu Picchu, une cité bien intégrée au paysage grâce à leurs super compétences de bâtisseurs, est toujours un mystère.

Avec l'autorisation de 'TurkeyMiner'

« L'IMMEUBLE « PANIER » »

Dans l'Ohio, aux USA, un célèbre bâtiment en forme de panier était le Q.G. d'un fabricant de paniers. Inspire-toi d'objets du quotidien pour trouver des idées folles de créations. Minecraft a plein de blocs de laine de couleurs vives à ta disposition !

« UN ACCUEIL CHALEUREUX »

Le visage de Lady Liberty, inspiré de celui de la mère du créateur, accueille les nouveaux-venus à New York. Sa tiare a 7 pointes pour les 7 continents et océans, les chaînes brisées à ses pieds symbolisant la liberté. Que dirait sur toi ta statue ?

COPIE UNE CRÉATURE

CONSEIL D'EXPERT !

Crée ta créature préférée ou une sculpture classique de quelqu'un que tu admires sur un cheval. Travaille en grand pour plus de détails !

UN SNACK-BAR

DIFFICULTÉ : **FACILE**

TEMPS : **1 HEURE**

Qui n'aime pas un cheeseburger, des frites et un milkshake au chocolat ? Un snack-bar américain style 1950 doit être l'endroit idéal où s'en régaler. Bâtis-le sur un paysage plat, ajoute une large route à côté et plein de boxes à l'intérieur pour y inviter tes amis !

MATÉRIAUX

ÉTAPE 1

Crée un sol en damier de 26x52 blocs de quartz et de charbon, bordé de blocs de laine rouge.

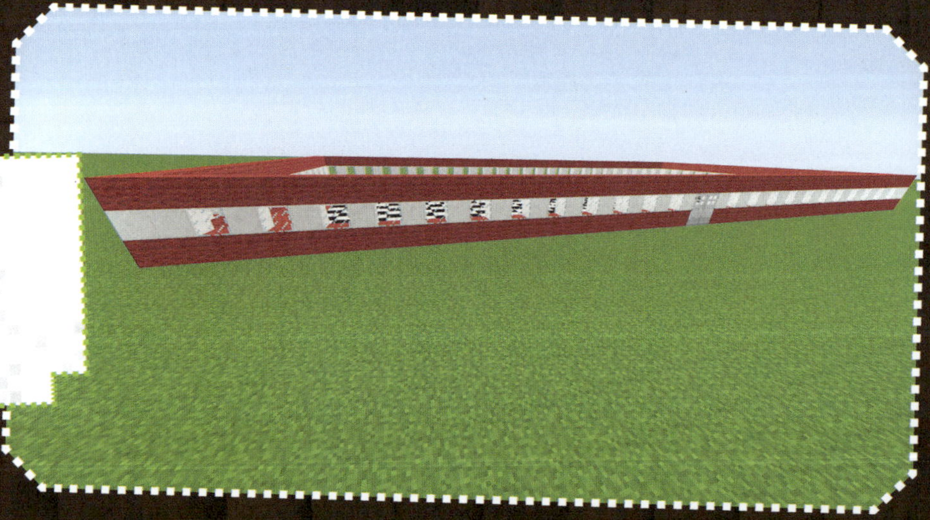

ÉTAPE 2

Construis les murs en suivant le bord du sol avec de la laine rouge, du quartz et des vitres. Fais 2 portes en blocs de fer pour ton entrée.

ÉTAPE 3

Crée un toit arrondi aux angles avec des blocs de fer sur 3 niveaux.

ÉTAPE 4

Place au-dessus de l'entrée une enseigne en laine rouge et quartz, entourée de pierre lumineuse pour éclairer la nuit.

ÉTAPE 5

Crée un parking tout autour du snack-bar avec de l'andésite brute et polie, et délimite les emplacements avec des blocs de quartz.

ÉTAPE 6

Le long des cloisons des boxes, fais des sièges en laine rouge, escaliers et dalles de quartz, et un rang de pierre lumineuse dans l'angle du plafond.

ÉTAPE 7

Le comptoir est en blocs de fer et de quartz, les tabourets autour en escaliers en quartz. Ajoute à l'arrière des fourneaux allumés et termine par des stands de brassage.

CONSEIL D'EXPERT !

QU'EST-CE QUI MIJOTE ?

Écris sur une bannière le nom de plats délicieux et mets ton menu dehors, à l'entrée de ton snack-bar.

UN PONT

DIFFICULTÉ : INTERMÉDIAIRE

TEMPS : 2 HEURES

Facile de créer une ville avec quelques constructions reliées entre elles et des routes, mais tu montreras vraiment tes compétences en créant un pont. Certains sont étonnants aux Amériques. Celui-ci est inspiré du pont du Golden Gate en Californie.

ÉTAPE 1

Ce pont fait 59 blocs de long, ce qui signifie que tu vas devoir passer du temps à terraformer un large fleuve avec des rives de la bonne taille et hauteur.

ÉTAPE 2

D'un côté du fleuve à l'autre, fais un rang de 59 blocs de laine rouge de long, de 7 blocs de large, de 1 bloc de profondeur et de 10 blocs au-dessus de la surface de l'eau.

ÉTAPE 3

Fais une route sur la base de ton pont avec une ligne centrale de laine blanche tout du long, encadrée de 2 rangées de blocs de laine grise.

ÉTAPE 4

À chaque bout du pont, ajoute des colonnes de laine rouge, de 7 blocs à partir du bout du pont et de 35 blocs de haut à partir de la surface de l'eau, en rejoignant le pont au bloc n°11.

ÉTAPE 5

Au niveau du milieu du pont, crée de chaque côté 2 colonnes en laine rouge de 35 blocs de haut (à partir de 30 blocs du bout).

ÉTAPE 6

Fais toutes les colonnes de 3 blocs de large en en ajoutant une autre de chaque côté en bord de route.

ÉTAPE 7

Relie-les par des barres horizontales au-dessus de la route.

CONSEIL D'EXPERT!

ATTENTION AUX DÉTAILS

Fais un bel effet arrondi en ajoutant des blocs dans l'angle des barres reliant les colonnes en hauteur.

ÉTAPE 8

Fais les côtés du pont avec des diagonales de 5 blocs. Construis 10 rangs de chaque côté en zigzag, comme indiqué.

ÉTAPE 9

Dans 2 grandes arches entre les 3 tours, comme indiqué, mets des barrières de soutien en plus, et associes-en à des poteaux pour plus de détails à chaque bout du pont.

CONSEIL D'EXPERT!

CONTOURNE LES RÈGLES

Prolonge la route, tu auras ainsi plus de place pour faire des courbes très cool sur les supports aux bouts du pont.

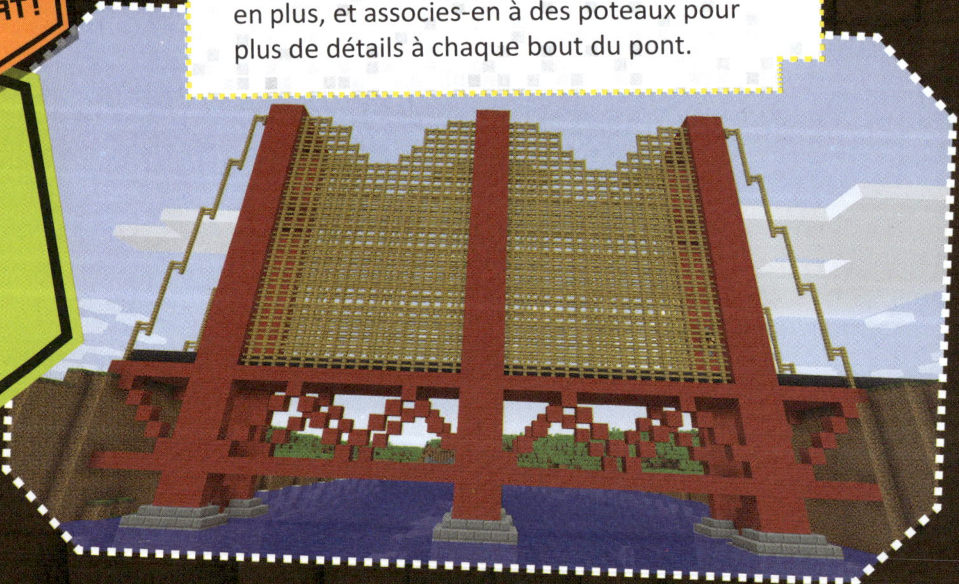

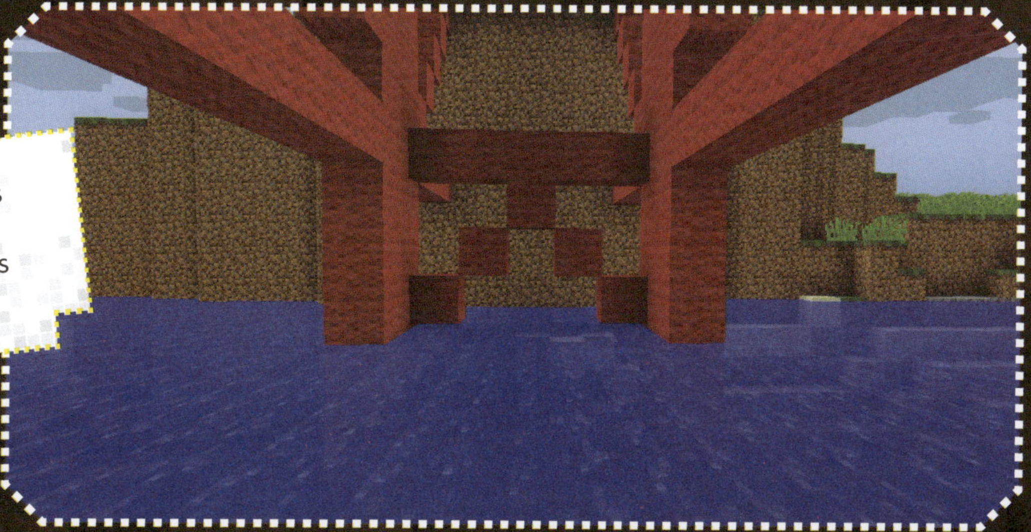

ÉTAPE 10

Renforce ton pont à la base sous chaque tour, juste au-dessus de la surface de l'eau, avec 10 blocs pour chaque support.

ÉTAPE 11

Termine la base de chaque tour avec de la pierre et des escaliers en pierre. Construis jusqu'au lit du fleuve. Il te faut construire 6 bases au total.

ÉTAPE 12

Éclaire ton pont. Ajoute des lampes de redstone avec des leviers, espacées régulièrement des 2 côtés du pont et où les colonnes se rejoignent en haut. Ton pont est fini !

VILLAGE DE MONTAGNE

DIFFICULTÉ : CLASSE INTERNATIONALE

TEMPS : 5 HEURES

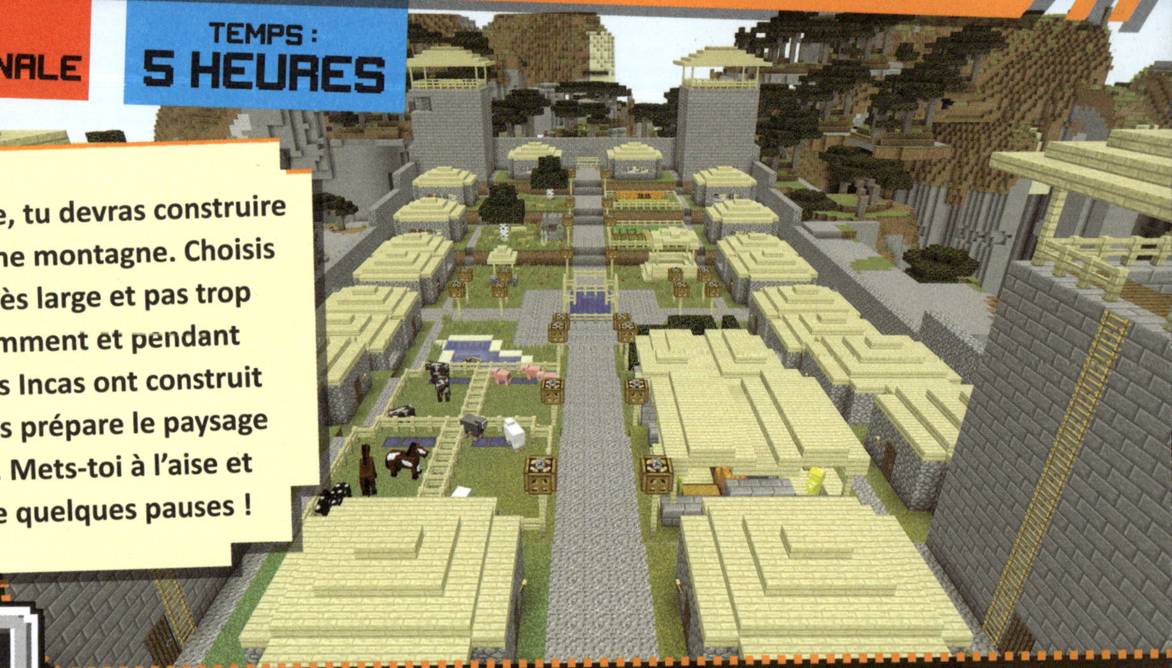

Comme le titre l'indique, tu devras construire ce village dans un biome montagne. Choisis un flanc de coteau très large et pas trop raide. On ignore comment et pendant combien de temps les Incas ont construit le Machu Picchu, mais prépare le paysage avant de construire. Mets-toi à l'aise et n'oublie pas de faire quelques pauses !

MATÉRIAUX

ÉTAPE 1

Découpe 6 marches sur le flanc du coteau, de 50 blocs de large et 10 blocs de long, avec au milieu une surface plane de 40 blocs de long. Chaque marche fait 2 blocs de haut.

ÉTAPE 2

Protège ton village avec des murailles en pavés. Fais un rectangle de 100x50 et 5 blocs de haut en suivant le contour de tes marches.

ÉTAPE 3

Au centre des murailles de ton village, fais une place de 13x13 blocs de pavés et pierre taillée avec un motif original, comme des anneaux concentriques ou des diagonales.

ÉTAPE 4

Finis la place avec une statue ou une fontaine en barrière en bouleau avec de l'eau qui coule.

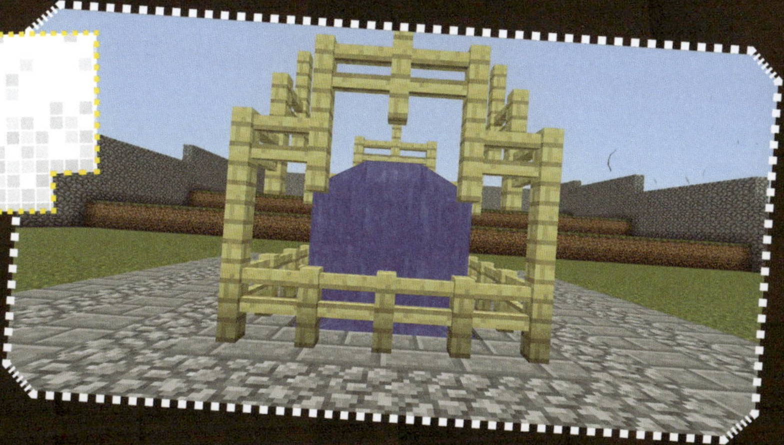

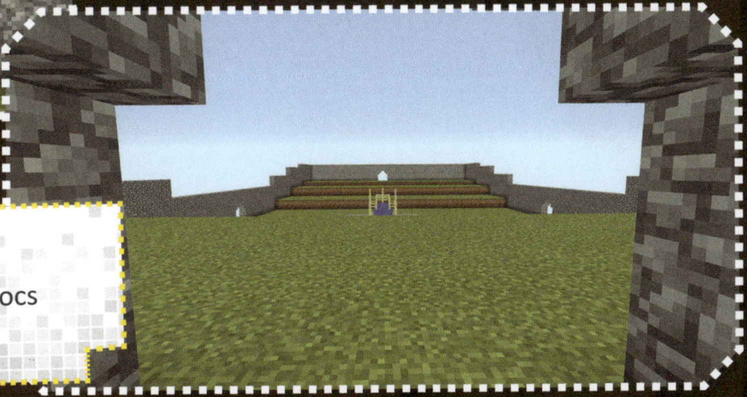

ÉTAPE 5

Construis maintenant au centre de chaque mur 4 entrées de 3 blocs de largeur pour ton village.

ÉTAPE 6

À chaque entrée, fais des allées gravillonnées de 3 blocs de large vers la place centrale.
Là où elles rejoignent les marches d'herbe, creuse une autre marche, ça aidera les villageois.

ÉTAPE 7

Pave des allées plus petites d'un bloc de largeur traversant perpendiculairement celles plus larges que tu viens de faire.

ÉTAPE 8

À chaque angle de la muraille, construis des tours de guet plus hautes de pierre taillée constituées de rectangles de 9x10 blocs.

ÉTAPE 9

Construis des plateformes de guet en haut des tours avec un plancher en épicéa entouré de barrières en bois de bouleau. Puis mets une échelle sur le côté des tours.

ÉTAPE 10

Fais un escalier en spirale à l'intérieur de chaque tour. Commence à 1 bloc du mur, fais-le de 2 blocs de large, avec 4 planches d'épicéa à chaque bifurcation.

ÉTAPE 11

Mets des lits, des coffres, des torches, des épées et arcs encadrés, et des tables faites de pistons dans le poste de garde au rez-de-chaussée, puis des portes-armures, une armure complète en fer et une cotte de mailles.

ÉTAPE 12

Le long de la muraille du village, bâtis les murs de 12 petites maisons et de 4 autres de deux pièces, chacune avec un plancher, une porte et une fenêtre.

ÉTAPE 13

Fais-leur un toit en bois de bouleau.

CONSEIL D'EXPERT !

À PROPOS DE TABLE

Ta table à piston sera super à la bonne hauteur ! Fais les sièges avec des escaliers en bouleau et des panneaux pour les accoudoirs.

ÉTAPE 14

Les maisonnettes ont une porte en épicéa, des fenêtres vitrées, un lit, un coffre, une table, des chaises et des plans de travail en planches de bouleau, un fourneau et un établi.

ÉTAPE 15

Dans les plus grandes maisons, tu peux séparer la pièce à vivre de la chambre. Les meubles sont les mêmes, sauf le lit, plus grand, et la présence de deux portes-armures dans la chambre. Ajoute aussi un tapis !

ÉTAPE 16

Mets des torches à intervalle régulier le long des murs dans toutes les maisons. L'intérieur doit varier un peu, avec des tapis ou des lits de diverses couleurs, ou en plaçant les meubles autrement.

ÉTAPE 17

Fais dans ton village un enclos en planches de bouleau pour des cochons, moutons, vaches ou chevaux, et des auges en remplaçant des blocs d'herbe par des chaudrons avec de l'eau.

ÉTAPE 18

Transforme une autre partie du village en champs cultivés de potirons, melons, vignes, blé, canne à sucre, patates, carottes, betteraves ou tout légume que tu apprécies ou proposé dans Minecraft.

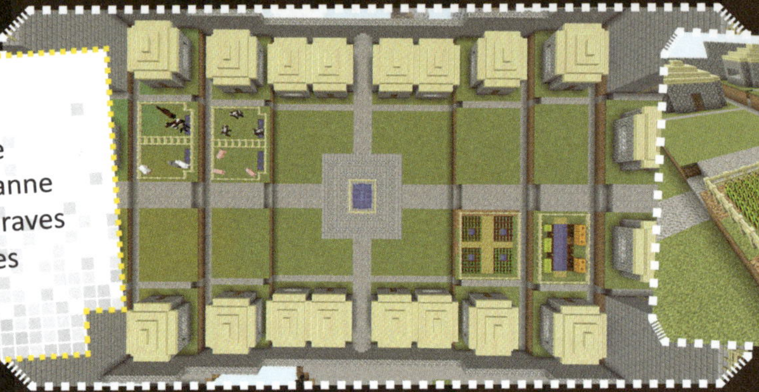

ÉTAPE 19

Crée dans le village une aire de jeu ou un parc avec arbrisseaux, arbres personnalisés, pissenlits, roses et bancs faits d'escaliers en bouleau, et des allées en cliquant droit sur l'herbe avec une pelle.

ÉTAPE 20

Crée un petit sanctuaire dans le parc, avec un mélange de pavés, de pierre moussue, de pierre taillée moussue et un pot au centre où penser à changer les fleurs à chaque visite.

ÉTAPE 21

Dans ta dernière zone au centre, bâtis en pavés quelques boutiques de laine, gâteaux, fruits ou tout ce qui te plaît dans ton inventaire, avec un comptoir en bouleau bourré de boîtes.

ÉTAPE 22

Il est temps d'éclairer ! Pour les lampes, en haut d'un long poteau, encadre de la luminite avec des trappes en bois et prévois un levier pour éteindre et allumer.

ÉTAPE 23

Crée un espace-loisirs autour de la place, ici avec étang et bateau, petit puits, mini labyrinthe et coin où s'asseoir à l'abri. Et toi, que voudrais-tu y construire ?

ÉTAPE 24

Associe des portes et barrières en bois d'épicéa pour sécuriser ton magnifique village de montagne. Ajoute plein de torches pour éloigner les créatures hostiles !

CONSEIL D'EXPERT !

DES TRAPPES FANTASTIQUES

Les trappes font de super lampes, et aussi des fenêtres de style ancien, des treillis et des portes à moustiquaire ouvrant en haut et en bas.

GLOSSAIRE

« **CRÉNEAUX** » Ouvertures crantées au sommet des remparts et tours des châteaux.

« **DIAMÈTRE** » Ligne droite passant par le centre d'un cercle.

« **INVENTAIRE** » Menu contenant les outils, blocs et tous les autres objets de Minecraft.

« **LINTEAU** » Structure horizontale qui forme la partie supérieure d'une porte ou d'une fenêtre.

« **MOB** » Diminutif de « mobile ». Créature vivante dans Minecraft.

« **TERRAFORMER** » Construire ou mettre en forme un lieu pour qu'il ressemble à la Terre.

LES MODS

Diminutif de « modification », un mod est un bout de code qui modifie un élément du jeu. Ce sont de super outils, mais il y a des risques lors des téléchargements. Voici nos conseils pour protéger tes appareils et bien t'amuser avec le minimum d'ennuis :

Astuces

» Lis toujours les comptes rendus avant d'utiliser un mod – plus il y en a de positifs, mieux c'est !

» Ne télécharge que les mods téléchargés par beaucoup de gens. Pour installer les mods, il te faudra peut-être passer à une autre version de Minecraft (la version 1.7.10 fonctionne généralement mieux avec la plupart des mods).

À noter

» Renseigne-toi sur les mods qui te permettront de procéder par grandes tranches de travaux. Très utiles, ils accélèrent le processus de construction et ainsi, tu pourras bâtir bien plus vite des structures bien plus grandes !

» Cherche des mods avec lesquels ajouter davantage de mobs, de blocs, de biomes et même de crottes (oui, c'est possible !), tu pourras ainsi personnaliser ton biome autant que tu veux !

» Découvre les mods qui te fourniront davantage de protection. Ils t'aideront à cartographier ton biome pendant la construction et t'avertiront même de l'approche de créatures hostiles.